S · II · DEI · GRATIA · ROMANORVM · ET · HEREDITARIVS · AVSTRIÆ · IMPERATO

Gottfried Mraz · Österreich und das Reich

Gottfried Mraz

Österreich und das Reich 1804–1806

Ende und Vollendung

25 Abbildungen
2 gefaltete Wappentafeln

SciAm

Verlag Dr. A. Schendl · Wien

Gottfried Mraz, geboren am 31. August 1935 in Linz; Studium der Theologie an der Universität Innsbruck, Promotion 1968, Studium der Philosophie an der Universität Wien, Promotion 1975, Staatsprüfung am Institut für österreichische Geschichtsforschung 1976. Seit 1976 im Österreichischen Staatsarchiv. 1986 Direktor des Finanz- und Hofkammerarchivs, Hofrat, 1991 Direktor des Haus-, Hof- und Staatsarchivs. Zahlreiche Publikationen, besonders zur österreichischen Geschichte, wissenschaftliche Leitung bedeutender Ausstellungen.

So wahr die Menschen leben
nicht nur von Brot allein,
wird's Brot in Fülle geben,
ist Österreich sein Wein.
(Theodor Kramer,
Niederhollabrunn, 1897 – Wien 1958)

Bildnachweis: Seite 19, 20, 21, 29 Bildarchiv der ÖNB, alle übrigen Staatsarchiv, Wien

Vorsatz: Kleines Wappen 1804

Titelseite: eigenhändiger Namenszug Franz II. auf dem Vortrag Stadions vom 1. August 1806

Bildredaktion und Gestaltung: Henrike Mraz

ISBN 3-85268-108-1

Druck: Mechitharisten-Druckerei, Wien

INHALT

Österreich und das Heilige Römische Reich

Österreichs bedeutendster und größter Feldherr und Staatsmann, Prinz Eugen von Savoyen, Italiener seiner Abstammung und Franzose seiner Geburt nach, hat einmal das Wort geprägt, daß aus den so weitläufigen und unterschiedlichen Ländern, über die Kaiser Karl VI. als Landesfürst regierte, ein „Totum", ein „Ganzes" geformt werden müsse. Zu Beginn des 18. Jahrhunderts war für dieses Länderagglomerat durchaus bereits die Bezeichnung „Monarchia Austriaca" geläufig geworden. Karl VI. hatten die schweren Jahre seines Ringens um das spanische Erbe – stolz durfte er bis zu seinem Tod den Titel eines spanischen Königs führen – geprägt. Nach dem Ende dieses 13jährigen Krieges (1701–1714) und nach den großen, legendären Siegen des Savoyers über den türkischen Erbfeind bei Peterwardein (1716) und Belgrad (1717) gebot der Kaiser über eine bunte Vielzahl von Königreichen, Herzog- und Fürstentümern, von Graf- und Herrschaften, die staatsrechtlich kein anderes Band als das des gemeinsamen Landesfürsten verknüpfte. Sie erstreckten sich von der Küste des Ärmelkanals, von der Hafenstadt Ostende im Westen bis zum äußersten Ende des Karpatenbogens, der Siebenbürgen umschloß, und bis zum serbischen Hinterland von Stadt und Festung Belgrad im Osten. Diese Länder reichten von der Insel Sizilien im Süden bis zu den zur böhmischen Wenzelskrone gehörenden schlesischen Herzogtümern im Norden.

Eine unerhörte Vielfalt von Sprachen, eine bunte Mannigfaltigkeit der Kulturen, unterschiedlichste soziale Strukturen und verschiedenartigste Wirtschaftsformen zeichneten diese Territorien aus. Die niederländischen und italienischen Gebiete, Mailand und Neapel-Sizilien, stammten aus dem spanischen Erbe. Die ungarischen und böhmischen Länder kamen nach dem frühen Tod des letzten Jagellonenkönigs Ludwig II. in der Folge der Niederlage bei Mohács (1526) an den Enkel Maximilians I., des letzten Ritters, an Erzherzog Ferdinand, den späteren Kaiser Ferdinand I. Er wurde mit der Stephans- und mit der Wenzelskrone gekrönt. Mit diesem Erbe übernahmen die österreichischen Habsburger die Aufgabe des Abwehrkampfes gegen die Osmanen. Erst die siegreichen Kriege Kaiser Leopolds I. und Kaiser Karls VI. machten die Habsburger zu wirklichen Herren der Länder der Stephanskrone, die sie den Türken und dem aufständischen ungarischen Adel entreißen mußten. Das Sprüchlein vom glücklichen Österreich, dessen Fürsten bloß recht zu heiraten und zu erben brauchten, ist nur ein billiges Klischee. Alle Ansprüche, die aus Erbverträgen und Ehepakten erwuchsen, mußten politisch und militärisch erst durchgefochten werden, ehe sie wirksam werden konnten.

In die Jahrzehnte des ausgehenden Spätmittelalters und der beginnenden frühen Neuzeit, in den Zeitraum, der zwischen der hochpolitischen Heirat des Erzherzogs Maximilian mit Maria, der künftigen Erbin des burgundischen Reiches, am 19. August 1477 in Gent und der schicksalsträchtigen Schlacht bei Mohács am 29. August 1526 in der ungarischen Tiefebene liegt, fällt der Aufstieg des Hauses Habsburg zu weltpolitischer Bedeutung. Das Haus Österreich, wie es meist genannt wird, „casa d'Austria" oder „maison d'Autriche" herrschte in den althabsburgischen Länden, die sich über weite Gebiete im Südosten und Südwesten des Heiligen Römischen Reiches von der Leitha im Osten bis zu den Vogesen im Westen erstreckten. Dazu gesellten sich die Länder aus dem burgundischen Erbe zwischen Frankreich und Deutschland, dann die spanischen Reiche auf der iberischen Halbinsel mit den neuentdeckten Ländern jenseits des Atlantik und endlich in Ostmitteleuropa die Territorien der ungarischen und der böhmischen Krone.

Die alten Stammlande, weite Teile Burgunds, etwa die Freigrafschaft mit der Hauptstadt Besançon, die Herzogtümer und Grafschaften in den Niederlanden mit Brabant und Flandern, sowie die Länder der böhmischen Wenzelskrone mit Böhmen, Mähren, der Ober- und Unterlausitz und die schlesischen Gebiete gehörten zum Verband des Römischen Reiches; ja der König von Böhmen bekleidete, gesetzlich verbrieft durch die Goldene Bulle Karls IV., den vornehmsten Rang unter den weltlichen Kurfürsten. Seit dem Spätmittelalter, gestützt auf die Fälschungen Rudolfs IV. (1359), die 100 Jahre danach durch Kaiser Friedrich III. geltendes Reichsrecht wurden (1453) – das berühmte „Privilegium maius" –, beanspruchten die habsburgischen Landesfürsten in ihren österreichischen Ländern Vorrechte, die sie zwar nicht reichsrechtlich, aber faktisch zu souveränen Herrschern machten.

Unangefochten bekleideten Mitglieder des Hauses Österreich die ranghöchste Würde des Abendlandes. Seit Kaiser Maximilian I. benötigten sie nicht einmal mehr die Krönung durch den Papst in Rom, um die Titel eines Römischen Kaisers zu führen. Er hatte, von den Venezianern daran gehindert, nach Rom zu ziehen, am 4. Februar 1508 in der Domkirche von Trient den Titel eines erwählten Römischen Kaisers angenommen.

Das vielfältige Erbe, das das Haus Österreich in Europa angetreten hatte, legte ihm ebensolche Aufgaben und Verpflichtungen auf: den Abwehrkampf gegen die Osmanen mit dem Ziel einer Eroberung oder Befreiung der ungarischen Länder vom türkisch-mohammedanischen Joch; die Auseinandersetzung mit dem erstarkten französischen Königtum um die Behauptung der Westgrenze des Römischen Reiches mit den Ländern aus dem burgundischen Erbe und endlich die Sicherung des bestimmenden Einflusses in Italien.

Von der Ausübung kaiserlicher Gewalt war im 18. Jahrhundert nicht mehr viel zu spüren. Der Kaiser war Reichsoberhaupt, übte die Exekution der mit Einwilligung der Reichsstände beschlossenen Gesetze aus, vertrat die oberste richterliche Gewalt im Reichshofrat und in dem zu Wetzlar ansässigen Reichskammergericht und spielte die Rolle eines Lehensherren für alle zum Reich gehörenden Gebiete. Die Theorie des Reichsrechts und die jedenfalls mit dem Westfälischen Frieden geschaffene Wirklichkeit klafften weit auseinander. Endlich oblag dem Reichsoberhaupt die Vertretung gegenüber auswärtigen Mächten und die Verteidigung der Grenzen des Reichs. Aus der mittelalterlichen Kaiseridee herrührend, gehörte es zu den Aufgaben von Kaiser und Reich, die christliche Welt des Abendlandes im Osten gegen die Ungläubigen zu schützen. Im 16. Jahrhundert haben tatsächlich die Stände des Reiches nicht unerhebliche Geldmittel zur Finanzierung der Kriege, die die Kaiser Ferdinand I. und Rudolf II. führten, beigesteuert. Die Reichsidee der Türkenabwehr wurde noch einmal lebendig, als 1683 die Osmanen unter Kara Mustafa die kaiserliche Haupt- und Residenzstadt Wien einschlossen und an den Rand der Kapitulation brachten. Fürsten des Reichs, der Wittelsbacher Max Emanuel, der Zähringer Ludwig von Baden, der Wettiner Friedrich August von Sachsen und Karl von Lothringen, führten die kaiserlichen Armeen im Osten gegen die Türken. Nach einigem Zögern trat auch der brandenburgische Kurfürst dem Bündnis mit dem Kaiser bei.

Das habsburgische Reichsoberhaupt hatte aber zugleich die Interessen des Gesamthauses, dessen Hauptlinie seit Karl V. in Spanien regierte, und diejenigen der österreichischen Länder, die weit über die Reichsgrenzen hinausreichten, wahrzunehmen. In bestimmten Perioden der Geschichtsschreibung konnte man der stereotypen Leerformel begegnen, die Habsburger hätten das „Reich" verraten, um die Erblande und die Ansprüche der Familie zu fördern. Dabei war nur eine starke Hausmacht in der Lage, dem Partikularismus der Reichsfürsten Paroli zu bieten und die fürstliche Libertät notdürftig in ein Ganzes einzubinden. Wie die Habsburger hatten auch andere Dynastien des Reichs Territorien in ihren Händen vereint, die außerhalb der Reichsgrenzen lagen. Die brandenburgischen Kurfürsten waren zugleich Herzöge von Preußen und führten seit 1701 für dieses Land den Königstitel. Kurfürst Friedrich August von Sachsen erreichte 1697 die Wahl zum König von Polen, bekannt wurde er unter dem Namen August der „Starke". Die Kurfürsten von Hannover gelangten mit Georg I. 1714 auf den englischen Königsthron und blieben zugleich Fürsten des Reichs, wie die Könige von Dänemark und Schweden. Auch der habsburgische Kaiser war zugleich Lehensmann des Reiches hinsichtlich der böhmischen Kurwürde und des damit verbundenen Erzschenkenamtes und der österreichischen Länder. Der letzte Kaiser aus dem habsburgischen Mannesstamm, Karl VI., hat noch einmal die Selbstbelehnung vollziehen lassen. Am 9. April 1728 erbaten und empfingen Vertreter des Kaisers für Böhmen, Österreich, für die dem burgundischen Kreis angehörenden Territorien und für Mailand die Belehnung. Allerdings verband der Kaiser mit dieser Handlung einen politischen Zweck im Rahmen der Hausinteressen. Es ging um die Anerkennung der „Pragmatischen Sanktion" durch das Reich.

Das verlorene spanische Königtum und dessen Zerstückelung zur Aufrechterhaltung des europäischen Gleichgewichts, das bedrückende Wissen um die bisherige Kinderlosigkeit seiner Ehe mit Elisabeth Christine ließen den Plan reifen, ein Hausgrundgesetz, die Pragmatische Sanktion, in Ergänzung und Abänderung bereits bestehender familiengesetzlicher Abmachungen zu erlassen. In der Form eines Notariatsaktes wurde die Erbfolge auch in weiblicher Linie geregelt und zugleich die Unteilbarkeit und Untrennbarkeit der Erbländer feierlich am 19. April 1713 in der Hofburg zu Wien verkündet. Das *Unteilbar und Untrennbar,* das *Indivisibiliter et Inseparabiliter* wird gleichsam zu einer magischen Zauberformel, die prägend für die Geschichte der Donaumonarchie bis zu ihrem unwiderruflichen Zerfall am Ende des Ersten Weltkrieges bleiben sollte.

Innen- und Außenpolitik Karls VI. kannten ein zentrales Thema: die Anerkennung der Pragmatischen Sanktion. Innerhalb von zehn Jahren gelang es, die Stände der Erbländer, auch die Landtage von Ungarn und Siebenbürgen zur Annahme zu bewegen. Das Notariatsinstrument von 1713 konnte so am 6. Dezember 1723 zum Grundgesetz für alle Erbländer, gleichgültig, ob sie dem Verband des Römischen Reiches angehörten oder nicht, erklärt werden. Damit war eine erste verbindliche Basis für den Gesamtstaat der Monarchia Austriaca geschaffen. Die innenpolitische Absicherung war Karl VI. zu wenig. Auch die Fürsten des Reiches und das Reich als Gesamtkörper sollten zur Anerkennung bewogen werden. Abgesehen von Kurbayern und Kursachsen, deren Herrscher mit Töchtern Kaiser Josephs I. vermählt waren, stimmten das Reich und die Stände zu.

Auch die europäischen Mächte, einschließlich Frankreich, gaben Garantieerklärungen ab. Man hat gegen die Außenpolitik Karls schwerste Vorwürfe erhoben, weil er für papierene Verträge bittere Opfer, wie etwa die Liquidierung der blühenden Ostendischen Handelskompagnie, gebracht habe. Noch dazu, so kann argumentiert werden, habe sich beim Regierungsantritt Maria Theresias gezeigt, wie wertlos Papier, Unterschrift und Siegel gewesen seien. Sie hätten der Erbin die blutigen Kriege nicht erspart, die die Monarchie an den Rand des Unterganges geführt hätten. Und doch boten sie eine unwiderlegbare Rechtsgrundlage, dennoch war die Pragmatische Sanktion auch ein unverzichtbares Instrument politischer Argumentation und propagandistischer Agitation.

Bestechender noch erweist sich die Bedeutung dieses Grundgesetzes für die Erfolge im Zusammenführen der Erbländer zu einem Ganzen. Wohl war man weit entfernt vom Ideal eines zentralistisch geeinten modernen Staatswesens, wie es Frankreich im Westen oder das durch die Reformen Friedrich Wilhelms I. zu europäischer Bedeutung herangereifte Brandenburg-Preußen repräsentierten. Aber Maria Theresia wurde unangefochten in den Erbländern als legitime Erbin anerkannt, auch in den Ländern der Stephanskrone, wobei es zu bedenken gilt, daß die letzte große Erhebung ungarischer Malkontenten gegen das habsburgische Königtum erst 1711 mit dem Frieden von Szatmár beendet worden war. Mehr noch, in der Stunde äußerster Gefahr, nach dem Einmarsch der preußischen Truppen in Schlesien und dem Vordringen der Franzosen und Bayern in die Kernländer der Monarchie mit dem zeitweiligen Verlust von Oberösterreich und Böhmen, waren es die 1741 in Preßburg zum Krönungslandtag versammelten Stände des Königreichs Ungarn, die, wenngleich auch nicht ohne politische Zugeständnisse von seiten der jungen Monarchin, einen ganz wesentlichen Beitrag für das Überleben des Gesamtstaates erbrachten.

Die Leistungskraft des zum ebenbürtigen Rivalen im Reich aufgestiegenen Preußen beeindruckten die Königin, veranlaßten sie, eine Reform der Verwaltung, den Versuch eines staatlichen Neubaues zu riskieren. Die Zusammenfassung der Böhmischen und der Österreichischen zur Vereinigten Hofkanzlei wirkt wegweisend für die Schaffung der beiden Reichshälften Österreich (Cisleithanien) und Ungarn

(Transleithanien) nach dem Ausgleich von 1867. Die Einrichtung neuer Behörden, gezielte Maßnahmen wirtschafts-, sozial- und religionspolitischer Art in den böhmischen und österreichischen Ländern ermöglichten wesentliche Schritte auf dem Weg zu einem modernen Staat, der wichtige Anliegen der Aufklärung verwirklichte. Das realpolitische Augenmaß der Herrscherin ließ sie bei ihren Reformvorhaben in den ungarischen Ländern nur kleine Schritte tun.

Maria Theresia scheiterte beim Vorhaben, ihrem Gemahl Franz Stephan von Lothringen sofort nach dem Tod ihres Vaters die Würde eines Römischen Kaisers zu verschaffen. Die Krone des Reiches ging an das Haus Wittelsbach. Maria Theresia anerkannte den 1742 gewählten Kurfürsten Karl Albrecht nicht als Kaiser. Erstmals seit 300 Jahren trug kein Habsburger die Krone des Reichs. Das kurze Zwischenspiel des bayerischen Kaisertums ging 1745 zu Ende. Doch die Trennung der politischen Gewalt zwischen dem Reich und der Monarchia Austriaca blieb bestehen, denn die Kaiserin, die eine Krönung in Frankfurt an der Seite ihres Gemahls ablehnte, hielt die Zügel der Regierung in den Erbländern als gekrönte Königin von Ungarn und Böhmen fest in eigenen Händen. Die Reichsbehörden in Wien, Reichskanzlei und Reichshofrat, hatten weder in der Innen-, noch in der Außenpolitik „Österreichs" irgendeine Möglichkeit der Mitwirkung. Die neugeschaffene Staatskanzlei (1742) vertrat die Erbländer unter Einschluß Ungarns nach außen, der Hofkriegsrat leitete die gemeinsame Verteidigungspolitik und die Hofkammer besorgte in oberster Instanz alle Wirtschafts- und Finanzagenden für die Gesamtheit der Erbländer; geradezu eine Vorwegnahme der nach dem Ausgleich von 1867 geschaffenen „Gemeinsamen Ministerien". Gleichwohl war Maria Theresia nicht willens, auf den Glanz der Kaiserkrone für ihre Familie zu verzichten. Sie gehörte gleichsam zum habsburgischen Familiensilber. Nach dem unrühmlichen Ende des Wittelsbachers – Karl VII. starb, militärisch gedemütigt und politisch ohnmächtig, im Jahre 1745, während sein Sohn Maximilian III. Joseph sich beeilte, mit der Habsburgerin Frieden zu schließen und sich zu verpflichten, bei der anstehenden Kaiserwahl seine Kurstimme dem Lothringer Franz Stephan zu geben; in diesem Jahr konnte Maria Theresia ihren Gemahl zur Krönung nach Frankfurt am Main begleiten, obwohl der Kampf um ihr Erbe noch längst nicht abgeschlossen war. Mit größter innerer Genugtuung erlebte sie 1764 die Wahl ihres ältesten Sohnes Joseph zum Römischen König und dessen Regierungsantritt im Reich nach dem Tod Kaiser Franz I. im Jahre 1765. Gegen starke Widerstände Preußens setzte sie durch, daß 1780 ihr jüngster Sohn Maximilian Franz zum Koadjutor des Kölner Erzbischofs bestellt wurde. Von den französischen Revolutionsheeren vertrieben, starb er als letzter Kurfürst von Köln 1801 in Wien.

Im Jahre 1740 hatte nicht nur unerwartet der Kaiser die Augen geschlossen. Auch in Berlin vollzog sich ein folgenschwerer Thronwechsel. Friedrich Wilhelm I. hatte am Bündnis mit Wien festgehalten. Sein Sohn und Nachfolger Friedrich II. bemächtigte sich unter Anführung fadenscheiniger Gründe der schlesischen Länder. Die junge Königin konnte wohl, unterstützt von England im Erbfolgekrieg, der mit dem Frieden von Aachen 1748 beendet wurde, ohne schmerzliche Verluste das Erbe behaupten, doch unter Englands Druck mußte sie zugunsten Brandenburg-Preußens auf Schlesien verzichten. Die Wiedereroberung dieses Landes wird für die Kaiserin Zentrum all ihres außenpolitischen Bemühens. In Kaunitz fand sie den genialen Politiker und Diplomaten, der eine völlige Umkehrung des europäischen Bündnissystems durchsetzte. Anstelle der bewährten Allianz mit den Seemächten trat das Bündnis mit dem Erbfeind im Westen, den Habsburg seit den Tagen der burgundischen Heirat von 1477 bekämpft hatte, mit Frankreich.

Kaunitz brachte eine große Koalition gegen Friedrich II. zustande, deren Hauptpfeiler Wien, Versailles und St. Petersburg waren. Doch die sieben langen Kriegsjahre von 1756 bis 1763 blieben vergeblich, Österreichs Feldherrn erfochten manchen Sieg, doch der Friedensschluß von Hubertusburg bestätigte den Verlust der reichen schlesischen Provinz. Der deutsche Dualismus war geboren. Mit dem Preußen Friedrichs II. trat eine fünfte Großmacht nach England, Frankreich, Rußland und Österreich auf den Plan der Weltpolitik. Zwischen Wien und Berlin ging es um die Vormachtstellung in Deutschland, ein Ringen, das erst auf dem Schlachtfeld von Königgrätz 1866 endgültig entschieden wurde.

Von der Tradition schier geheiligt und unantastbar erschienen Österreichs Ansprüche auf die Reichskrone. In der Regierungszeit Karls VI. wurde im Bereich der Wiener Burg der eindrucksvolle Reichskanzleitrakt erbaut. Die Monarchia Austriaca erscheint nach der Anerkennung der Pragmatischen Sanktion durch die Erbländer und durch die europäische Staatengemeinschaft als selbständige Großmacht. Die vier Jahrzehnte Maria-Theresianischer Regierung mit ihren tiefgreifenden Reformen verankerten diese tatsächliche Souveränität im Bewußtsein der Untertanen und in der Vertretung des Gesamtstaates nach außen. Die Staatskanzlei auf dem Ballhausplatz wurde unter Wenzel Anton Grafen, dann Fürsten Kaunitz, der vier österreichischen Landesfürsten als Leiter der Außenpolitik diente, zu einem der wichtigsten politischen Zentren des alten Kontinents.

Neben den Reichsbehörden, den Organen des erbländischen Gesamtstaates und den obersten Verwaltungsstellen der böhmischen und österreichischen Länder amtierten auch die Ungarische und Siebenbürgische Hofkanzlei in der kaiserlichen Haupt- und Residenzstadt Wien. Unter Franz Graf Esterházy wurde das Gebäude der Ungarischen Hofkanzlei in ein prachtvolles Palais umgestaltet, das jederzeit mit den Amtssitzen der Reichskanzlei, der Staatskanzlei oder der Böhmischen Hofkanzlei sich messen konnte.

Das spätere österreichische Kaiserreich hatte bereits in der Mitte des 18. Jahrhunderts Gestalt und Form erhalten. Der ungezügelte und unduldsame Reformwille Josephs II. führten den Gesamtstaat in eine unerhörte Belastungsprobe; die zentrifugalen Kräfte, die sich gegen ein uniformes, zentralistisches Verwaltungsgebilde unter Berufung auf die althergebrachten, von den Regenten stets verbrieften Privilegien erfolgreich zur Wehr setzten, schienen kurzfristig den Sieg davonzutragen, ehe das behutsame Einlenken Leopolds II. den Aufruhr in den Niederlanden und in Ungarn zähmte.

Die große Revolution

Die beiden letzten Regierungsjahre Josephs II. und die kurze Frist von zwei Jahren, die seinem jüngeren Bruder Leopold II. (1790–1792) gegönnt war, standen bereits gänzlich im Schatten der unerhörten Umwälzung, die der Ausbruch der Französischen Revolution in Europa ausgelöst hatte. Die ersten Flüchtlinge trafen ein. Der dritte Stand hatte sich zur Nationalversammlung erklärt, das Feudalsystem fiel noch im Sommer 1789, die Menschen- und Bürgerrechte wurden beschlossen, das kirchliche System wurde umgestürzt, seit Sommer 1790 hatten die Geistlichen einen Eid auf die Verfassung zu leisten. Ein harter Kirchenkampf begann.

Wien übte sich lange in vorsichtiger Zurückhaltung. Ein übereiltes Handeln hätte Österreich seines wichtigsten Verbündeten beraubt. Maria Theresia hatte zusammen mit Kaunitz das neue Bündnis zwischen Wien und Versailles, zwischen Habsburg und Bourbon herbeigeführt, das trotz des militärischen Versagens im Siebenjährigen Krieg gegen Preußen und England stabil blieb. Erst nach dem mißglückten Fluchtversuch des Königs im Juni 1791 bemühte sich Leopold II., leiblicher Bruder der französischen Königin Marie Antoinette, um eine Intervention für das bedrohte Königtum der Bourbonen. Auch jetzt wollte Leopold eine kriegerische Auseinandersetzung vermeiden. Die jüngeren Brüder des französischen Königs lebten bereits im Exil, Ludwig, genannt Graf von Provence, später König Ludwig XVIII., und Karl, Graf von Artois, später König Karl X.

In Pillnitz, der Sommerresidenz des sächsischen Kurfürsten, nahe Dresden, trafen sich im August 1791

Franz II. wird am 14. Juli 1792 in der Bartholomäuskirche zu Frankfurt am Main zum Römisch-deutschen Kaiser gekrönt. Lithographie von Franz Wolf nach Johann Nepomuk Hoechle

Kaiser Leopold II. und Preußens König Friedrich Wilhelm II., um ein gemeinsames Vorgehen zu beraten; auch die beiden im Exil lebenden Brüder des französischen Königs nahmen an Beratungen teil. Die gefaßte Deklaration hatte den Weiterbestand einer monarchischen Regierung in Frankreich zum Ziel, die sowohl den Rechten des Souveräns als den Interessen der Nation angemessen erschien. Noch gab es keine unmittelbare Kriegsgefahr. Wenige Monate später starb Leopold ganz unerwartet am 1. März 1792 im Alter von 45 Jahren. Erzherzog Franz, ältester Sohn Leopolds, der auch bei den Beratungen in Pillnitz anwesend war, übernahm ein schweres Erbe. Ende März forderte die französische Regierung ultimativ von Wien die Herabsetzung ihrer Rüstungen in den österreichischen Niederlanden und erklärte Österreich am 20. April 1792 den Krieg.

Kaiser Franz II. als Römischer Kaiser mit den Insignien des Ordens vom Goldenen Vlies und den Sternen zum Großkreuz des Militär-Maria Theresien-Ordens und des St. Stephansordens. Kupferstich von Paul Wolfgang Schwarz nach Johann Zit(t)erer

Allegorie auf die Wahl und Krönung Kaiser Franz II. Die Büste des Kaisers in einem von acht Säulen getragenen Rundtempel. Die Kapitelle der Säulen stellen die Kurhüte dar. Auf den Säulen in Medaillons die Portraits der Kurfürsten; von links: Erzherzog Maximilian Franz, Kurfürst von Köln; Karl Theodor, Kurfürst von Bayern; Friedrich Karl Freiherr von Erthal, Kurfürst von Mainz; König Friedrich Wilhelm II., König von Preußen und Kurfürst von Brandenburg; König Georg III. von Großbritannien und Kurfürst von Hannover; Clemens Wenceslaus von Sachsen, Kurfürst von Trier; Friedrich August III., Kurfürst von Sachsen; Kaiser Franz als König und Kurfürst von Böhmen. Anonymer Kupferstich

Problemlos vollzog sich die Übernahme der Regierungsgeschäfte durch den 24jährigen Erzherzog Franz: Erbhuldigung in Wien, Krönung in Ofen (Buda) zum ungarischen König im April und Juni. Auch die Wahl und Krönung zum Römischen Kaiser in Frankfurt am Main erfolgte rasch am 5. und 14. Juli; wenige Wochen zuvor war auch Preußen in den Krieg gegen das revolutionäre Frankreich eingetreten. Man traute den kriegserfahrenen österreichischen und preußischen Truppen zu, eine rasche militärische Entscheidung herbeiführen zu können.

Ein folgenschwerer Irrtum! Zweiundzwanzig Jahre Krieg und Umsturz standen Europa bevor! Der Oberbefehlshaber der Alliierten, Herzog Karl Ferdinand von Braunschweig, proklamierte in Koblenz am 25. Juli 1792 ein Manifest an die Bevölkerung Frankreichs, das als Ziel der militärischen Intervention die Wiederherstellung der königlichen Autorität in Frankreich fordert und Strafmaßnahmen androht. In einer neuen revolutionären Phase wurde das Königtum suspendiert, bald folgten die berüchtigten Septembermorde in Paris, dann am 21. September die Abschaffung des Königtums und die Einführung einer neuen republikanischen Zeitrechnung, Symbol für den Bruch mit der Vergangenheit und für den Beginn einer neuen Ära in der Menschheitsgeschichte. In eben diesen Tagen erlitten die preußischen Truppen in der Kanonade von Valmy am 20. September eine blamable Schlappe, der eine militärische Katastrophe folgte. Die Franzosen eroberten die alten deutschen Städte am Rhein: Speyer, Worms und Mainz, den Sitz des deutschen Erzkanzlers; die Österreicher mußten Belgien räumen, und im Oktober begann der Prozeß gegen Ludwig XVI., der am 21. Jänner 1793 hingerichtet wurde. Eine europäische Koalition bildete sich. Dem preußisch-österreichischen Bündnis schlossen sich England, Holland, Spanien und Portugal, die selbständigen italienischen Staaten Sardinien und Neapel an. Frankreich wurde der Reichskrieg erklärt.

Im Schatten Napoleons

Die Revolution meisterte alle Rückschläge; alte Spannungen in der Koalition zwischen Österreich und Preußen, mitbedingt vom Feilschen bei der Aufteilung der Beute aus der Konkursmasse Polens, das in der dritten Teilung 1795 als staatliches Gebilde erlosch, bewogen Preußen unter der politischen Führung von Christian August Grafen von Haugwitz zum Abschluß eines Sonderfriedens mit Paris, den in Basel 1795 Karl August von Hardenberg mit den Franzosen aushandelte. Preußische Eigeninteressen, gepaart mit dem Mißtrauen gegen Österreich, dessen Außenpolitik seit 1794 vom Kaunitzschüler und erbitterten Preußenfeind Franz Freiherrn von Thugut geleitet wurde, wogen mehr als der gemeinsame Kampf gegen die Revolution. Die norddeutsche Großmacht blieb ein Dezennium vom Krieg verschont.

Weder die preußische noch die österreichische Außenpolitik dachten entfernt daran, ihren partikularen Zielen zu entsagen. Das revolutionäre Frankreich folgte dem bourbonischen Königtum im Streben nach territorialer Vergrößerung nach Osten bis zum Rhein, nach der Besitznahme der Niederlande und nach einem bestimmenden Einfluß in Italien, es war der Ruf nach den „natürlichen Grenzen" Frankreichs. Zur Verwirklichung dieser Absichten gehörte die Einflußnahme auf die deutschen Reichsstände, um jede Stärkung der Macht des Reichsoberhauptes zu verhindern; auch hier wurde die Kontinuität seit dem Königtum des Hauses Valois am Ausklang des Mittelalters gewahrt.

Dennoch schien der Krieg nach dem Ausscheiden Preußens nicht entschieden. Der Bruder des Kaisers, Erzherzog Carl, konnte auf dem süddeutschen Kriegsschauplatz bedeutende Erfolge erringen. Aber die Entscheidung fiel in Italien. Dort waren österreichische Kräfte zu schwach, um dem Ansturm des jungen Napoleon Bonaparte gewachsen zu sein. Im Feldzug des Jahres 1796 vertrieben die Franzosen die Österreicher aus der Lombardei; die Schlacht bei Rivoli im Jänner 1797 besiegelte das Schicksal der letzten bedeutenden Festung Mantua, die dem Korsen übergeben werden mußte. Der Weg in die österreichischen Kernländer war frei. In Ober- und Mittelitalien traten französische Satellitenstaaten an die Stelle der alten unabhängigen Territorien: die Cisalpinische Republik, gebildet aus den Gebieten von Mailand, Modena, Ferrara, Bologna und der Romagna, sowie die Ligurische Republik in Genua. Die Unabhängigkeit Venedigs fiel dem Machtwort Napoleons zum Opfer. Erzherzog Carl, der den Oberbefehl an der Südfront übernommen hatte, mußte in den Waffenstillstand von Judenburg einwilligen; und am 18. April wurde bei Leoben in der Steiermark der Präliminarfriede geschlossen, der im venezianischen Campo Formio am 17. Oktober besiegelt wurde. Vertragspartner waren die französische Republik und Österreich, nicht das Römisch-deutsche Reich. Franz II. verzichtete auf die Niederlande und die Lombardei und erhielt dafür das von den Franzosen geplünderte Venedig mit Istrien und Dalmatien. Überdies trat er an den bisherigen Herzog von Modena, Erzherzog Ferdinand, den Breisgau ab. In Artikel 20 des Vertragswerkes wurde die Einberufung eines Kongresses nach Rastatt vereinbart, auf dem der Friede zwischen dem Reich und Frankreich geschlossen werden sollte.

Wichtiger als der publizierte Friedensvertrag waren die 13 geheimen Artikel, mit denen das alte Reich Ottos des Großen faktisch zu Grabe getragen wurde. Der Kaiser verpflichtete sich in Artikel 2, sich beim geplanten Friedenskongreß für die Abtretung des linken Rheinufers von Basel bis an die Nette bei Andernach an Frankreich einzusetzen: Die neue Grenze sollte sein: *La rive gauche du Rhin depuis la frontière de la Suisse au dessous de Bâle jusqu´au confluent de la Nette au-dessous d´Andernach, y compris la tête de pont de Manheim sur la rive gauche du Rhin et la ville et fortresse de Mayence.* Damit waren nicht nur Reichsgebiete verloren, sondern die Reichsverfassung durch die Preisgabe der geistlichen Kurfürstentümer, allen voran das namentlich genannte Mainz, in den Grundfesten erschüttert. Noch war in der Geheimkonvention nicht die Säkularisation der geistlichen Territorien des Reichs angesprochen; doch wie wollte man sich eine Entschädigung der Vielzahl von betroffenen Reichsfürsten, deren Gebiete auf dem linken Rheinufer lagen, vorstellen, wie dies der 12. Geheimartikel vorsah?

Der zweite Koalitionskrieg bestätigte das Ergebnis des ersten. Wohl erzielten Österreicher und Russen anfangs große Erfolge, denn Bonaparte versuchte in Ägypten den Traum der Umgestaltung des Mittelländischen Meeres in eine französische Binnensee zu verwirklichen. Nelsons überwältigender Seesieg über die französische Flotte bei Abukir (1798) vereitelte den ehrgeizigen Plan. Nach einer abenteuerlichen Fahrt kehrte Napoleon zurück, stürzte die französische Direktorialregierung im Staatsstreich des 18. Brumaire am 9. November 1799 und ließ sich, inspiriert von römisch-republikanischen Traditionen, zum Ersten Konsul mit umfassenden, diktatorischen Vollmachten ausrufen.

Der Friede von Lunéville, abgeschlossen am 9. Februar 1801 zwischen Frankreich, Österreich und dem Römischen Reich, bestätigte die Übereinkünfte von Campo Formio. In Artikel 6 willigten Kaiser und Reich in die Abtretung des linken Rheinufers offiziell ein; er galt auch für die französischen Vasallenstaaten, die Batavische, Helvetische, Cisalpinische und Ligurische Republik. In Artikel 7 wurde vereinbart, daß die deutschen Fürsten, die am linken Rheinufer Gebiete abtreten müssen, im restlichen Deutschland entschädigt werden sollen.

Die Neuordnung Mitteleuropas wurde von den beiden Festlandgroßmächten diktiert; der inzwischen durch ein Plebiszit zum Konsul auf Lebenszeit kreierte Napoleon und Zar Alexander I. von Rußland hatten ein Geheimabkommen geschlossen, auf dessen Grundlagen der rechtlich mit der Umgestaltung des Reiches befaßten Reichsdeputation ein gemeinsamer Interventionsplan aufoktroyiert wurde. Beide Großmächte hatten Interesse an der Aufrechterhaltung des preußisch-österreichischen Gegensatzes und an der Stärkung der Mittelstaaten in Süddeutschland. Faktisch wurde das europäische Festland in eine französische und russische Einflußsphäre aufgeteilt.

Das Ergebnis der Beratungen wurde im Reichsdeputationshauptschluß vom 25. Februar 1803 zusammengefaßt. Die letzten Säulen kaiserlicher Macht fielen. Durch die Säkularisation, die Aufhebung aller geistlichen Fürstentümer im Reich, und durch die Mediatisierung fast aller Reichsstädte, nur die drei Hansestädte Hamburg, Bremen und Lübeck im Norden, sowie Frankfurt, Augsburg und Nürnberg blieben frei, hatte das Reichsoberhaupt seine Machtbasis verloren. An die Stelle der geistlichen Kurfürsten von Köln und Trier traten vier neue weltliche: Hessen-Kassel, Baden, Württemberg und Salzburg. Das Kurfürstenkollegium wurde jetzt von den evangelischen Ständen dominiert. Auch die protestantische Mehrheit unter den Reichsfürsten war erdrückend geworden. Die Einziehung der kleinen reichsritterschaftlichen Territorien durch die größeren reichsfürstlichen Gebiete schien nur mehr eine Frage des geeigneten Zeitpunktes zu sein. Allein dem Kurfürsten von Mainz, dem Erzbischof Karl Theodor von

Dalberg, verblieb ein aus den rechtsrheinischen Gebieten seines Kurfürstentums und aus dem Bistum und der einstigen Reichsstadt Regensburg geschaffenes Territorium als souveränes Gebiet, verbunden mit der Würde eines Reichs-Erzkanzlers und dem Titel eines Primas von Deutschland.

Die neuarrondierten Länder im Süden suchten Rückhalt bei Napoleon, der den Norden zunächst bereitwillig dem dominierenden Einfluß Preußens überließ. Zehn Jahre waren seit der Krönung Franz II. in der Bartholomäuskirche zu Frankfurt am Main vergangen. In diesem Dezennium war das Reich so verändert, die Reichsgewalt so ausgehöhlt worden, daß auch sein sichtbares Ende unaufhaltsam heranzukommen schien. Die beiden mächtigsten Reichsfürsten, der Kaiser mit seinen dem Reich zugehörigen Ländern und die brandenburgischen Hohenzollern, die ihren Königstitel einem nicht zum Reich zählenden Preußen, nunmehr durch die Erwerbungen aus den polnischen Teilungen im Osten gewaltig vergrößert, verdankten, waren zu weit auf dem Weg zur völligen völkerrechtlichen Souveränität, die sie für ihre Reichslande noch nicht gänzlich besaßen, vorangegangen, als daß von ihnen ein politischer Einsatz für das in sich zerfallene Reich zu erwarten gewesen wäre.

Napoleon, Kaiser der Franzosen

Im Innern versuchte Napoleon nach den glänzenden außenpolitischen Erfolgen die negativen Wirkungen der Revolution zu liquidieren. Den Emigranten wurde die Rückkehr angeboten, die Versöhnung mit dem Papsttum durch den Abschluß eines Konkordates vollzogen. Die sozialen, gesellschaftspolitisch relevanten Errungenschaften der Revolution erhielten im Zivilgesetzbuch, dem „Code Napoléon", Grundlage für Kodifikationen in vielen Staaten, ihre endgültige juristische Form. Doch der Friede von Amiens, 1802 mit England geschlossen, war brüchig und hielt nur ein Jahr.

Konnte sich Frankreich unter Napoleon, dem Konsul auf Lebenszeit, ausgestattet mit der Machtfülle eines absoluten Monarchen, mit dem begnügen, was man auf dem Festland erobert hatte, oder lag es nicht in der Natur des großen Usurpators, einfach weiter zu müssen? Um die Jahreswende von 1803 zu 1804 ist Frankreich die Führungsmacht auf dem Kontinent. Napoleon diktiert das Geschehen im Römischen Reich und in Italien. Was lag näher als in ihm den wiedererstandenen Karl den Großen zu sehen, und durch ihn die tatsächliche Wiederherstellung einer Reichseinheit von Frankreich, Deutschland und Italien zu erwarten.

Wie wenig sich Napoleon um die Souveränität des Römischen Reiches scherte, zeigt der Zwischenfall der Verhaftung des Herzogs von Enghien am 15. März 1804 im badischen Ettenheim. Gegen jedes geltende Völkerrecht wurde der aus dem Haus Condé stammende Bourbone entführt und wenig später in Vincennes, nahe Paris, exekutiert, um

Johann Ludwig Graf von Cobenzl, Hof- und Staatsvizekanzler 1800–1805. Anonymer Stich

royalistische Umtriebe im Keime zu ersticken. Die Proteste gegen diese Verletzung des Völkerrechts kamen bezeichnender Weise von Schweden und Rußland als den Garantiemächten der Reichsverfassung und von England, dessen König noch immer Kurfürst von Hannover war.

Österreichs Außenpolitik wurde nach der Entlassung von Thugut seit 1800 durch den Hof- und Staatsvizekanzler Ludwig Grafen Cobenzl geleitet, der dem unrealistischen Traum eines europäischen Gleichgewichtes anhing und daran glaubte, daß Frankreich nach Erfüllung seiner Ansprüche wieder ein möglicher Bündnispartner für den Wiener Hof werden könnte.

Napoleon hingegen strebte nach Höherem. Auf Beschluß des Senates und abgesichert durch ein Plebiszit, ließ er sich am 18. Mai 1804 zum erblichen Kaiser der Franzosen proklamieren. Formal ließ Napoleon erklären, dem Reich gegenüber erst dann den neuen Titel in Anspruch nehmen zu wollen, wenn das Reichsoberhaupt und die Reichsstände die Anerkennung ausgesprochen hätten. Noch tagte der Reichstag in Regensburg, bei dem Wien durch drei

Delegationen vertreten war, der Kaiser durch die Prinzipalgesandtschaft, dann durch die kurböhmische Gesandtschaft und für den österreichischen Reichskreis durch den österreichischen Gesandten. Die Geschäfte der Prinzipalkommission führte der Konkommissär Johann Alois Freiherr von Hügel, während Friedrich Lothar Graf Stadion nach Quittierung seines Dienstes beim Reichskanzler Dalberg die Leitung der kurböhmischen Vertretung übernommen hatte. Den österreichischen Kreis repräsentierte Egid Josef Karl von Fahnenberg. Ihre Berichte geben ein eindrucksvolles Bild von dieser letzten Phase des Reichs.

Kaisertum Österreich

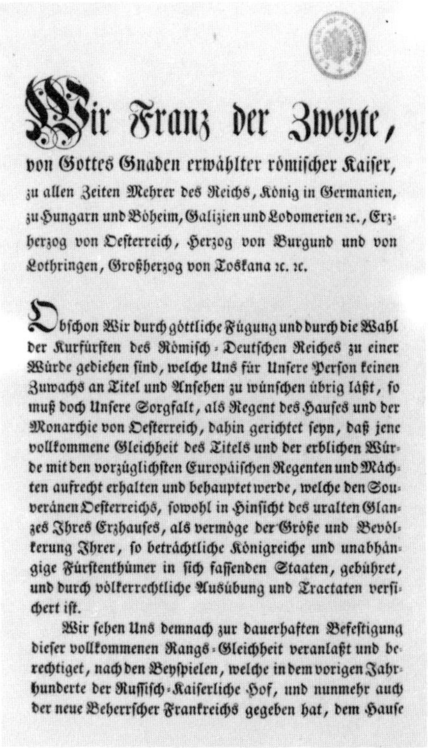

Wir Franz der Zweyte,

von Gottes Gnaden erwählter römischer Kaiser, zu allen Zeiten Mehrer des Reichs, König in Germanien, zu Hungarn und Böheim, Galizien und Lodomerien rc., Erzherzog von Oesterreich, Herzog von Burgund und von Lothringen, Großherzog von Toskana rc. rc.

Obschon Wir durch göttliche Fügung und durch die Wahl der Kurfürsten des Römisch-Deutschen Reiches zu einer Würde gediehen sind, welche Uns für Unsere Person keinen Zuwachs an Titel und Ansehen zu wünschen übrig läßt, so muß doch Unsere Sorgfalt, als Regent des Hauses und der Monarchie von Oesterreich, dahin gerichtet seyn, daß jene vollkommene Gleichheit des Titels und der erblichen Würde mit den vorzüglichsten Europäischen Regenten und Mächten aufrecht erhalten und behauptet werde, welche den Souveränen Oesterreichs, sowohl in Hinsicht des uralten Glanzes Ihres Erzhauses, als vermöge der Größe und Bevölkerung Ihrer, so beträchtliche Königreiche und unabhängige Fürstenthümer in sich fassenden Staaten, gebühret, und durch völkerrechtliche Ausübung und Tractaten versichert ist.

Wir sehen Uns demnach zur dauerhaften Befestigung dieser vollkommenen Rangs-Gleichheit veranlaßt und berechtiget, nach den Beyspielen, welche in dem vorigen Jahrhunderte der Russisch-Kaiserliche Hof, und nunmehr auch der neue Beherrscher Frankreichs gegeben hat, dem Hause

Erste Seite der Pragmatikalverordnung betreffend die Annahme des Titels eines erblichen Kaisers von Österreich durch Kaiser Franz II. am 11. August 1804. Druck

Franz II. hatte bei seiner Wahl zum Kaiser 1792 in der Wahlkapitulation versprechen müssen, am verfassungsmäßigen Charakter des „Wahl"reiches nichts zu ändern. Wie sollte und konnte das Reichsoberhaupt und der Souverän der durch die Pragmatische Sanktion zu einer Einheit zusammengefaßten Erbländer auf Napoleons Rangerhöhung reagieren? Es herrschte kein Zweifel darüber, daß die Nichtanerkennung für den Korsen einen Kriegsfall darstellen würde. Es war diplomatisch nicht möglich, eine Ankündigung des französischen Kaisertums lange unbeantwortet zu lassen. Grundsätzlich blieb nur die Anerkennung der Kaiserwürde Napoleons übrig. Wie sollte jedoch, angesichts der Brüchigkeit des noch existierenden Restreiches, der Vorrang des Kaisers in Wien, der durch die Friedensschlüsse von Campo Formio und Lunéville international bestätigt worden war, gesichert werden? Konnte das Reich überhaupt noch weiter am Leben bleiben? Schien die Wahl eines Habsburger nach dem Tod Franz II. noch im Bereich des Möglichen zu liegen? Für Wien konnte es keine andere Alternative geben, als ebenfalls einen erblichen Kaisertitel in Anspruch zu nehmen. Die Annahme, das Reich sei zwar ein Wahlreich und doch zugleich ein Erbreich, weil ja die Wahl stets auf ein Mitglied des habsburgischen Hauses falle, konnte nicht mehr aufrecht erhalten bleiben, da es doch eine protestantische Mehrheit im Kurkolleg gab. Eine legale Umwandlung des alten Reiches in ein Erbreich, ein deutscher Erbkaiserplan konnte nur eine Utopie bleiben. Weder eine Zustimmung Brandenburg-Preußens noch die der deutschen Mittelstaaten, deren Souveränitätsgelüste allein von Frankreich befriedigt werden konnten, hätten je erwartet werden können. Zweifellos besaß die kaiserliche Würde für Franz II. eine unverzichtbare Bedeutung, räumte sie ihm doch den Ehrenvorrang vor allen anderen gekrönten Häuptern Europas ein. Was konnte unter den gegebenen Verhältnissen eine Zusicherung des französischen Außenministers Talleyrand oder des Pariser Vertreters in Wien wert sein, daß Napoleon auch als Kaiser den Vorrang Franz II. anerkennen wolle? War denn endlich eine erbliche Kaiserwürde nicht mehr als die eines „Gewählten“? Es mußte sich daher am Wiener Hof die Frage stellen, ob nicht die

Annahme eines erblichen Kaisertitels, begründet auf die Erbländer, die einzig zukunftsträchtige Chance biete, Österreichs Rang unter den europäischen Mächten zu gewährleisten. Die Lösung mußte in die Richtung einer Rangerhöhung des habsburgischen Erzhauses gesucht werden. Der Staatsvizekanzler beauftragte seinen Vetter Johann Philipp Grafen von Cobenzl, Botschafter in Paris, zu sondieren, welche Haltung Napoleon in der Frage eines deutschen oder österreichischen Erbkaisertums einnehmen werde.

Johann Ludwig Cobenzl scheint die Variante eines österreichischen Kaisertums realistisch bevorzugt zu haben. Man konnte doch in ihr die Vollendung einer durch Jahrhunderte gehenden Entwicklung sehen, zurückreichend bis in die babenbergische Zeit, als der letzte österreichische Herzog dieses Geschlechtes, Friedrich II., den Plan der Erhebung Österreichs zum Königtum verfolgte. Die Privilegien des Hauses Österreich verliehen ihm fast völlige Unabhängigkeit vom Reich und in den Ländern der ungarischen Krone waren die Habsburger volle Souveräne. Es konnte doch im Interesse der Gemeinschaft aller Erbländer liegen, diesen letzten Schritt zu tun, der faktisch in der Regierung Maria Theresias, der Großmutter Franz II., bereits gemacht schien. Die österreichische Monarchie zählte auch nach Lunéville noch zu den europäischen Großmächten. Schon Peter der Große hatte für sich den Kaisertitel in Anspruch genommen. Es mußte Maxime eines österreichischen Kabinetts sein, daß aus der Konkursmasse des Römischen Reiches dieses Österreich unversehrt auch mit seinen Reichsländern hervorgehe. Sicher ist, daß eine Einbeziehung der österreichischen und böhmischen Länder in ein österreichisches Kaisertum formal einen Bruch bestehenden Reichsrechtes darstellen mußte, wie dies auch vom Botschafter in Paris, Johann Philipp Cobenzl, klar erkannt wurde, als er am 18. Juni 1804 meinte, daß man die Annahme des Titels eines *Empereur d'Hongrie et de Gallicie,* eines

Kaisers von Ungarn und Galizien, erwägen solle; somit würde der Kaiser als König von Böhmen Mitglied des Kurkollegiums und als Erzherzog von Österreich Mitglied des Fürstenkollegs bleiben. Es konnte ja im Gegenzug Preußen seine Souveränität auch auf Brandenburg ausdehnen, ja die norddeutschen Gebiete zu einem eigenen Kaisertum zusammenfassen. Alle diese juristischen Erwägungen gingen an der harten politischen Wirklichkeit vorbei.

Noch ehe die Nachricht von der Kaiserproklamation Napoleons in Paris am Wiener Hof eingelangt war, erstattete der Vizekanzler am 20. Mai 1804 einen Vortrag an den Kaiser, der unmißverständlich zeigt, in welch schwieriger Lage man sich befand. Der von Frankreich zu erwartende Druck werde so groß sein, daß man sich nicht zeitgerecht mit anderen Mächten werde absprechen können: *Man kann sicher erwarten, daß die im Werk begriffene Erklärung des ersten Consuls zum erblichen Kaiser von Frankreich sehr geschwind zu stand kommen und daß der Allerhöchste Hof in den Fall kommen wird, seine Gesinnungen darüber noch ehebevor äußern zu müssen, als er sich über diesen Gegenstand mit dem Rußischen Hof vorläufig einverstehen könnte.* Cobenzl begrüßte an sich die Wiedererrichtung einer monarchischen Regierungsform in Frankreich als Zeichen der Überwindung der Revolution: *Es ist die Vollendung der von Bonaparte unternommenen contre-revolution.* Freilich gab es einen Wehmutstropfen, der Cobenzl aber nicht besonders tief zu berühren schien: *Daß diese Wiederherstellung der erblichen französischen Monarchie zu Gunsten eines Bonaparte und nicht der rechtmäßigen königlichen Familie ausfallen soll, ist sehr bedauerlich, allein in dermaliger Beschaffenheit der Umstände für unabänderlich anzusehen. Das Schicksal der bourbonischen Dynastie in Frankreich ist durch den Ausschlag des Kriegsglücks, durch beschworene Traktaten, durch wiederhollte unglückliche Beweise der Fruchtlosigkeit fernerer*

Versuche, durch die moralische Unthunlichkeit, welche sich in dieser Hinsicht aus der politischen Lage in Europa, aus dem Zustand der französischen Nation, und aus der Beschaffenheit der bourbonischen Prinzen selbsten darstellet, so gut als entschieden. Weder Wertschätzung für die Brüder des hingerichteten Königs noch eine Betroffenheit über den Mord am Herzog von Enghien ist aus diesen Zeilen zu lesen. Cobenzl meint sogar, man solle der französischen Regierung mitteilen, daß der Kaiser *die von dem ersten Consul unternommene Wiedereinführung der erblichen Monarchischen Regierungsart in Frankreich als ein für das Wohl von ganz Europa sehr erspriesliches Ereigniß ansehen und daß demselben dazu die vergnügliche Theilnehmung E.M. (Eurer Majestät) und ihr aufrichtigster Glückwunsch zu erkennen gegeben werde.* Sorge bereitete dem Vizekanzler, daß der Kaisertitel weitere *Vergrößerungspläne Bonapartes nicht wenig zu bestättigen* schien. Cobenzl befürchtete mit Recht die Einbeziehung Italiens in den französischen Staatsverband.

Breiter Raum ist der Rang- und Titelfrage gewidmet. Er meinte jedoch, die Zusage erwirken zu können, *daß das Zeremoniel des Ranges und der Etiquette zwischen den Höfen von Wien und Paris auch dann wann die Kaiser Krone nicht mit der Oesterreichischen Regentschaft verknüpft seyn würde, nach dem unter Maria Theresia beobachteten Beyspielen eingerichtet werden sollte.* Allerdings befürchtete Cobenzl, daß auch andere europäische Höfe eine Rangerhöhung vornehmen könnten.

Rücksichtnahme auf den empfindlichen russischen Hof und die Notwendigkeit, weitere Schritte hinsichtlich eines Erbkaisertums für das Erzhaus zu überlegen, ließen Cobenzl den Rat geben, nach Möglichkeit unter vertraulicher Kontaktaufnahme mit Paris, die Frage der Anerkennung dilatorisch zu behandeln. Wie bereits gezeigt, stellte Cobenzl dem

Kaiser zwei Varianten für eine Rangerhöhung vor Augen: *Es sey nun daß dieser erbliche Titel auf die eigenen Hauslande radiciert werde, wodann die so ansehnlichen in der Oesterreichischen Monarchie vereinigten Königreiche und Staaten allerdings einen der Kaiserkrone würdigen complexus darbiethen würden; oder daß man für thunlich fände dem Erzhause den deutschen Kaiser Titel erblich einzuräumen.* Im Vortrag wurde diese Variante von Cobenzl sogleich entwertet, wenn er anführt, daß *in der That die deutsche Kaiser Würde auf wenig mehr als einen blosen Ehrentitel herabgeschmolzen ist, und ferner mehr weder die Macht noch den Einfluß desjenigen der sie besitzt wesentlich vermehren kann.*

Vom Staats- und Konferenzminister Leopold Grafen von Kolowrat hat sich eine Stellungnahme vom 6. Juli 1804 erhalten, in dem er die Idee äußerte, die Stände der Erbländer sollten den Kaiser bitten, *die Österreichische Monarchie zum Erbkaiserthume zu erklären.* Eine eigene Kaiserkrönung käme erst für den Nachfolger in Betracht, sollte dieser nicht zum Deutschen Kaiser gewählt werden. Der konservative, die althergebrachten Rechte der Erbländer respektierende Kolowrat legte noch besonderen Wert auf die Beachtung der ungarischen und böhmischen Privilegien, während er auf die alten Bande, die Österreich und Böhmen mit dem Reich verknüpften, keinerlei Bedacht nahm: *Ungeachtet der Kaiserkrönung würden Seiner Majestät Nachfolger sich auch als Könige von Hungarn und Böhmen in diesen beiden Ländern krönen lassen müssen, weil sie nur auf solche Art nach den bestehenden Landesgesetzen der königlichen Vorrechte theilhaftig werden können, und weil es diesen beiden Ländern schmerzlich fallen müßte, von den eingeführten, und schon so oft bestätigten Rechten eines der wesentlichsten zu verlieren.* Die Anregung Kolowrats dürfte von der Vorgangsweise bei der Promulgation der Pragmatischen Sanktion beeinflußt gewesen sein. Cobenzl legte auf eine Mitwirkung der Stände keinen Wert.

Am 2. August ließ Cobenzl einen Entwurf für eine Deklaration ausarbeiten, die man unverzüglich dem französischen Gesandten in Wien, der noch 1804 von Napoleon zum Innenminister befördert wurde, Jean-Baptiste Nompère de Champagny, überreichen wollte. Der Wiener Hof war bereit, auch ohne Abstimmung mit dem Zaren, den Schritt zur Anerkennung der neuen Würde Napoleons zu setzen, wenn ein österreichisches Erbkaisertum ebenso von Paris akzeptiert werde: *Sa Majesté l'Empéreur et Roi, dans le même tems qu'il est proclamé Empereur héréditaire d' autriche et qu'il en fait part à tous les Etats Souverains de l'Europe, promet de reconnoitre Napoléon Empereur héréditaire des François et en consequence d'envoyer sans aucun delai de nouvelles lettres de créance à son Ambassadeur à Paris.* (Seine Majestät der Kaiser und König verspricht zum selben Zeitpunkt, an dem er zum erblichen Kaiser von Österreich proklamiert und davon alle europäischen Souveräne in Kenntnis setzt, Napoleon als erblichen Kaiser der Franzosen anzuerkennen und folglich ohne jeden Verzug ein neues Beglaubigungsschreiben an seinen Botschafter in Paris zu senden).

Ein umfassendes Mémoire der Staatskanzlei vom 8. August 1804 faßt alle wesentlichen Gesichtspunkte zusammen. Die Idee einer erblichen deutschen Kaiserwürde ist längst aufgegeben. Von der Einheit der Erbländer ausgehend, wird auf die Zugehörigkeit der böhmischen und österreichischen Länder zum Reich nicht mehr Bezug genommen, obwohl hier zweifellos reichsrechtlich Landeshoheit mit voller völkerrechtlicher Souveränität nicht vereinbar erscheint. Der Gesamtstaatsgedanke hat sich endgültig durchgesetzt, wenn es heißt: *Der Souverain der Oesterreichischen Erbstaaten ist also in dem gegenwärtigen Falle berechtiget ebenfalls einen erbli-*

chen Kaisertitel anzunehmen; und er ist dazu umso mehr berechtiget, als er die übrige zu einer solchen Würde dem Herkommen nach erforderliche Eigenschaften vereiniget, nämlich den Besitz einer großen aus mehreren unabhängigen Königreichen und Fürstenthümern bestehenden Monarchie und einen solchen Grad von Macht und Ansehen der von jeher das Gleichgewicht mit den ersten europäischen Höfen, zumalen aber mit Frankreich so, wie mit Rußland behauptet hat. Hinsichtlich des Souveränitätsanspruches sind die zum Reich gehörenden Territorien mit Ungarn und Siebenbürgen gleichgestellt. Man kann darin einen Bruch des geltenden Reichsrechtes erblicken, wenngleich in einer kühnen Konstruktion das erbliche Kaisertum auf die Person des Regenten gegründet und damit theoretisch an den Beziehungen der „deutschen" Erbländer zum Reich nichts verändert wird: *Seine Majestät haben Sich in dieser Hinsicht nach reiflichster Uiberlegung entschlossen, den neuen erblichen Kaiser-Titel nicht auf eines von Ihren Erbländern* – (wie dies etwa im Vorschlag des österreichischen Gesandten in Paris enthalten war) – *in Sonderheit, sondern auf den Complexum aller Ihrer unabhängigen Staaten und auf die Person des Regenten der diese Staaten unter seinem Szepter vereiniget dergestalt zu radizieren, daß die einzelnen Königreiche und Staaten, Ihre bisherige Titeln, Verfassungen, und Vorrechte ungeschmälert beibehalten; desgleichen auch jene Verhältnisse vollkommen aufrecht erhalten werden, durch welche Ihre deutschen Erblande mit dem deutschen Reich verknüpft sind.* Das Mémoire ist sich der besonderen Probleme hinsichtlich der deutschen Erbländer sehr deutlich bewußt. Unter der Rücksicht der Ranggleichheit wird die Stellung Maria Theresias beispielhaft angeführt: *Die vollkommene Rangs-Gleichheit welche Seine Majestät . . . für Sich und Ihre Nachfolger mit Frankreich fordern können, und die sowohl während der Regierung Marien Theresiens höchstsee-*

ligen Andenkens feyerlichst beobachtet als auch in den kurz vorher angeführten Traktaten – Campo Formio und Lunéville – *bestättiget wurde, ist keineswegs auf Gleichheit des Ceremoniels und auf gleiche Vorzüge der beiderseitigen Gesandten und Bevollmächtigten eingeschränkt, sondern bestehet wesentlich darinn, daß kein Theil einen höheren Souverainen Titel, als der andere führen könne.* Der erbliche österreichische Kaisertitel, so wird später dargelegt, *wird mit demjenigen Verband in keinen Widerspruch kommen, der zwischen den deutschen Erblanden,* wobei unklar bleibt, ob damit auch die Länder der Wenzelskrone verstanden sind, *und dem deutschen Reiche besteht.* In der weiteren Begründung werden die Privilegien des Erzhauses faktisch als Grundlage für eine volle Souveränität interpretiert, insofern diese dem Landesfürsten *die freyesten Verwaltungsrechte versichern; so besitzen Seine Majestät Ihre Erbkönigreiche, und mehrere andere Staaten mit vollkommenster Unabhängigkeit, welche dadurch auf keine Art vermindert, oder beschränkt wird, daß Allerhöchstdieselben auch einige mit dem deutschen Staatskörper vereinigte Staaten besitzen.* Ähnliches gelte auch für den Besitz von Reichsländern durch die Souveräne von England, Dänemark, Schweden und Preußen. Die Vereinigung zweier kaiserlicher Würden in einer Person wäre ebenso möglich wie diejenige mehrerer Königskronen.

Um allen Mißverständnissen vorzubeugen, wird nochmals deutlich zum Ausdruck gebracht, was man künftig unter einem Kaisertum Österreich zu verstehen habe. Der Kaisertitel sei *auf keine besonderen erbländischen Staaten gegründet, und demselben lediglich den Namen des Erbhauses beigefügt, da die Benennung Oesterreich hier keineswegs von dem Lande Oesterreich (: so ferners lediglich mit dem Titel eines Erzherzogthums versehen bleiben wird :), sondern von dem allgemein üblichen*

Geschlechts Namen des Durchlauchtigsten Regentenhauses genommen, und zu verstehen ist. Es galt nicht nur auf die besonderen Beziehungen zum Deutschen Reich bei dieser Rangerhöhung Rücksicht zu nehmen, sondern ebenso auf die Eigenständigkeit Ungarns, das stets auf seine von den Königen garantierten Privilegien pochte. Dies fand im Mémoire einen Niederschlag: *Insonderheit wird hiedurch aller Bedenklichkeit von Seiten der Ungarischen Verfassung und Gerechtsamen vorgebogen, die ganz in ihrer hergebrachten Beschaffenheit verbleiben.*

Napoleon widersetzte sich zunächst strikt, einem neuen erblichen Kaisertitel im Gegenzug für die Anerkennung zuzustimmen. Das diplomatische Geschick des Vizekanzlers Cobenzl zeigte sich den Finessen Napoleons gewachsen. Bereits am 7. August konnte Champagny den Wiener Hof geheim vom Einverständnis Frankreichs informieren.

Die Allerhöchste Pragmatikalverordnung über die Annahme des Titels eines erblichen Kaisers von Österreich durch Franz II. trägt das Datum des 11. August 1804. Gleichzeitig erhielten die Mitglieder des Erzhauses eine Titelerhöhung: *Zweytens: Soll allen, sowohl Unseren Descendenten beyderley Geschlechtes, als jenen Unserer Nachfolger in der Regentschaft des Erzhauses, der Titel von kaiserlich-königlichen Prinzen und Prinzessinnen, nebst jenem von Erzherzogen und Erzherzoginnen von Oesterreich, dann von kaiserlich-königlichen Hoheiten beygelegt und ertheilt werden.*

Der erbkaiserliche Titel sollte unmittelbar dem Titel eines erwählten Römisch-Deutschen Kaisers folgen. Im dritten Punkt wird das Verhältnis zu Ungarn und zum Römisch-Deutschen Reich behandelt, wie sie im Mémoire ausführlich dargelegt sind. Die Frage einer allfälligen österreichischen Kaiserkrönung, die es bis zum Ende der Monarchie 1918 nie gab, kommt im vierten Punkt der Verordnung zur Sprache: *Wir halten Unseren weiteren Entschließungen die Bestimmung derjenigen Feyerlichkeiten bevor, welche Wir für Uns und Unsere Nachfolger, in Ansehung der Krönung als erblicher Kaiser fest zu setzen, für gut finden werden; jedoch soll es bey denjenigen Krönungen, welche Wir und Unsere Vorfahren, als Könige von Ungarn und von Böhmen empfangen haben, ohne Abänderungen auch in Zukunft verbleiben.* Der letzte und fünfte Punkt beschäftigt sich mit der Publikation der Verordnung in den Erbländern.

Wohl hatte die Staatskanzlei unter der Leitung des Vizekanzlers Johann Ludwig Cobenzl die völkerrechtlichen und diplomatischen Vorbereitungen der Rangerhöhung geführt. Die Pragmatikalverordnung vom 11. August ist jedoch nicht über die Staatskanzlei ausgefertigt worden, sondern über die Vereinigte Hofkanzlei. Sie war die zentrale Verwaltungsbehörde für die böhmischen und österreichischen Länder. An ihrer Spitze stand Alois Graf von Ugarte mit dem offiziellen Titel eines königlich Böhmischen obersten und erzherzoglich Österreichischen ersten Kanzlers. Seine Begründung findet dieses Vorgehen in einer grundsätzlichen Überlegung, die im mehrfach genannten Mémoire formuliert wurde, daß nämlich *die von Seiner k.k. Majestät beschlosssene Titels Annehmung, als eine in die Staats-Verfassung nicht eingreifende Maßregel, ohne andern vorbereitlichen Vorkehrungen durch eine Landesfürstliche Erklärung und Verordnung bewerkstelliget werden kann.*

Kaiser Franz hatte tags zuvor in der Konferenz die endgültige Resolution gefaßt, die durch ein Circulare den obersten Behördenchefs: dem Kriegsminister Erzherzog Carl, dem Leiter der vereinigten Hofkanzlei, Alois Grafen Ugarte, dem ungarischen Hofkanzler Carl Grafen Pálffy und dem siebenbürgischen Hofkanzler Samuel Grafen Teleki mitgeteilt wurde.

Der Vortrag, den als zuständiger Referent Josef Freiherr von Hormayer ausgearbeitet hatte, und der am 9. August dem Kaiser vorgelegt wurde, befaßte sich mit der Formulierung der künftig zu verwendenden Titel, deren man drei, den Großen, Mittleren und Kleinen, unterschied. Diesen Titeln entsprachen die Wappenschilder und die Siegel. Für die Verwendung galten folgende Richtlinien, die bei der Publikation der neuen Wappen im November 1804 festgelegt wurden: *Nach Anordnung Seiner Majestät vom 5ten November 1804 soll*

1) Der große Wapenschild und das correspondirende Majestätssiegel gebraucht werden, bey allen Huldigungsacten, Hausverträgen (pactes de famille) und außerordentlichen, feyerlichen Anlässen im Innern der Monarchie; ferner bey allen wichtigeren Tractaten mit auswärtigen Staaten, bey Allianzen, Friedensschlüssen, Vollmachten, Creditiven und Recreditiven, Instructionen für k.k. Minister an fremden Höfen; bey Verleihungen solcher Lehen und Afterlehen, womit die Reichs- oder Kreisstandschaft verbunden ist; endlich in allen feyerlichen Ausfertigungen, welche von der kaiserlichen geheimen Reichshofkanzley in Reichoberhauptlichem Nahmen geschehen.

2) Das mittlere (auch als Amtssiegel bezeichnet), *bey allen minder feyerlichen und aus der ordentlichen Administration herrührenden Verordnungen, Privilegien, Concessionen etc., die bloß die Erbstaaten betreffen, bey gesandtschaftlichen und Regierungspässen und weniger wichtigen Angelegenheiten mit dem Auslande.*

3) Das kleine (Handsiegel genannt), *bey allen von Allerhöchst Ihro kaiserlichen und Kaiserliche-Königlichen Apostolischen Majestät selbst gefertigten Requisitions- Notifications- oder confidentiellen Schreiben an auswärtige Fürsten, endlich auf sämtlichen Münzen.*

Die Veränderungen im Titel waren bereits durch die Bestimmungen des Lunéviller Friedens notwendig geworden, doch, so hieß es im genannten Vortrag der Staatskanzlei vom 9. August 1804, sei es durch die Folgen des Reichsdeputationshauptschlusses noch zu keiner Neufassung gekommen, die nunmehr durch die Annahme des erblichen Kaisertitels unausweichlich geworden sei.

Die Überlegungen in der Staatskanzlei zur Ausarbeitung der neuen Wappen brauchten geraume Zeit. Erst am 5. November 1804 wurde dem Kaiser der diesbezügliche Vortrag *nach reiflicher Erwägung und gehörigen Vereinbarung der heraldischen Regeln und Erfordernisse mit dem politischen Zwecke desselben* unterbreitet. Die Veränderungen hatten vier Gesichtspunkte zu berücksichtigen:

1. Die Annahme der Würde eines Erbkaisers von Österreich.
2. Die Abtretung Belgiens, der Lombardei, sowie der Toscana und Modenas durch die Sekundo- und Tertiogenituren.
3. Die Neuerwerbungen.
4. Die alten, gänzlich hinwegfallenden Schilder.

Es galt dafür zu sorgen, das Römische und Österreichische Kaisertum heraldisch so darzustellen, *daß das Wappen auch für die späte Zukunft und den möglichen Fall regulirt bleibe, daß diese beiden erhabensten Würden nicht in einer und eben derselben Allerhöchsten Person vereinigt wären.* Da die Pragmatikalverordnung vom 11. August die österreichische Kaiserwürde *aus den wichtigsten Staatsrücksichten nicht auf irgend ein einzelnes Land, sondern auf das ganze Haus und die Monarchie von Oesterreich radizirten, ist es weiters nöthig, daß ein eigenes Wappenbild den Complexus der Monarchie, und die damit verbundene Kaiserwürde – ein anderes das Haus Oester-*

Eintheilung der Felder des Römisch- und Oesterreichisch-Kaiserlichen großen Wapenschildes.

Im großen deutschen Rückenschilde, der mit der Kaiserlichen Reichskrone bedeckt ist, befindet sich der Römisch-Kaiserliche schwarze, zweyköpfige Adler im güldenen Felde, auf seiner Brust ruhet der:

Oesterreichischer Hauptschild.

Oesterreichisch-Kaiserliche Krone

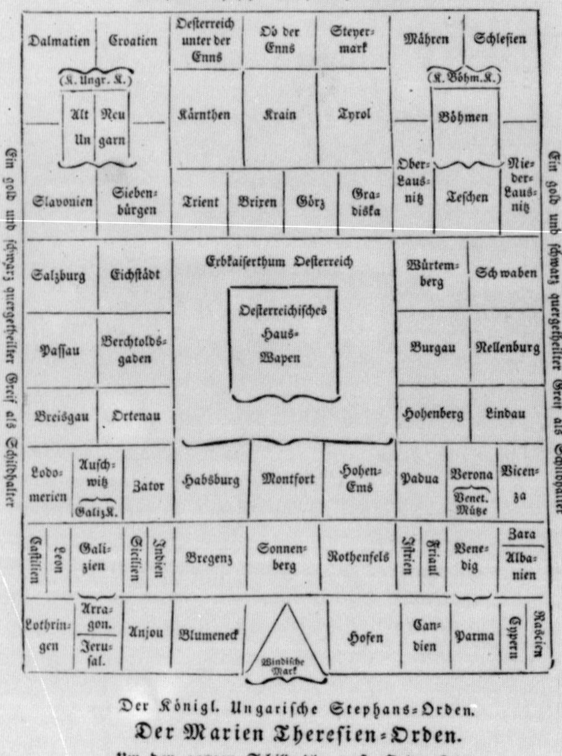

Der Königl. Ungarische Stephans-Orden.

Der Marien Theresien-Orden.

Um den ganzen Schild die große Ordenskette

des goldenen Bließes.

Erklärung des Großen Wappens 1804. Druck, vgl. Beilage

reich, – und ein drittes das von beiden verschiedene Erzherzogthum und Erbland Oesterreich darstelle.

Daher kam es zur Aufnahme der alten Reichskrone als Symbol des Römisch-deutschen Reiches und die der Rudolfinischen Hauskrone als Symbol des Österreichischen Erbkaisertums. Dieses Kaisertum wird *durch einen zweiköpfigen schwarzen Adler im goldenen Feld ausgedrückt, – der sich von dem römischen sowohl als rußischen dadurch unterscheidet, daß er nur Reichsapfel und Schwert ohne Zepter, – statt des Scheines, der die Häupter des römischen umgiebt, auf jedem eine Krone führt, und den einzig schicklichen Platz eines eigenen Herzschildes behauptet.*

Für die Gestaltung dieses Herzschildes kommt es zu einer völlig neuen, bis in die Gegenwart nachwirkenden Entscheidung. Der Bindenschild, heute noch Staatssymbol der Republik, wird für die heraldische Darstellung des Gesamtstaates auserkoren: *Oesterreich hatte bekanntlich bisher ein doppeltes Wappen, – den weissen /: silbernen :/ Querbalken im rothen Felde, und die fünf goldenen Adler /: die man ehedem fälschlich für Lerchen hielt :/ im blauen Felde. Letzteres ist das eigentliche neuere Landeswappen.* Hinsichtlich der Entstehung des Bindenschildes greift der Vortrag auf die angebliche Verleihung an den Babenberger Leopold VI. zurück und meint dann: *Dieses Wappen, gleich edel durch seinen Ursprung als durch seine Simplizität, würde nach den beiliegenden Entwürfen als der Schild des Hauses Österreich auf der Brust des oesterreichischen Adlers ruhen . . . Von nun an würden aber die fünf goldenen Adler wieder das Landwappen des Erzherzogthums Oesterreich.* Kaiser Franz genehmigte diesen Vorschlag und in dem im November 1804 publizierten neuen Wappen erscheint im Herzschild allein der rot-weiß-rote Bindenschild, während die Wappen von Habsburg und Lothringen an recht minder bedeutender Stelle erscheinen.

Einem Wunsch des ungarischen Hofkanzlers Pálffy, in einer Note an die Staatskanzlei vom 21. Dezember 1804, der für die die ungarischen Länder betreffenden Schriftstücke ein eigenes ungarisches Wappen verlangte, wurde nicht willfahren. Nach der Niederlegung der Römisch-deutschen Kaiserwürde im Jahre 1806 fand es die Staatskanzlei angebracht, auf die von Pálffy neuerlich vorgebrachten Gründe einzugehen und sie zu entkräften. Pálffy hatte sich in erster Linie auf den 98. Artikel des Landtages von 1723 berufen, daß *immer die Insignien des Königreiches Hungarn im Herz-Schild vom doppelten Adler stehen und dessen Mittelpunkt nehmen* müßten. Auch stehe in den für Ungarn ausgefertigten Diplomen der Hinweis bei der Besiegelung, *sub majori videlicet sigillo Nostro, quo ut Rex Hungariae utimur* (nämlich unter Unserem größeren Siegel, das wir als König von Ungarn gebrauchen).

Die Annahme des erblichen Kaisertitels sollte nach Vorschlag der Staatskanzlei, dem Kaiser in einem Vortrag am 18. August 1804 unterbreitet, *in den Provinzen und bei den Armeen mit angemessenen militärischen Feyerlichkeiten* verkündet werden. In der Haupt- und Residenzstadt Wien fand die Promulgation erst nach der Rückkehr des Kaisers aus Böhmen im Dezember 1804 statt. Der Obersthofmeister des Kaisers, Georg Adam Fürst von Starhemberg, teilte Cobenzl die entsprechende Entscheidung des Kaisers am 29. November mit: *Nach der von Mir gemachten Überlegung finde Ich für gut, die Feyerlichkeit auf dem 8ten Dezember zu belassen. Es hat also der Zug nach St. Stephan an diesem Tage um 10 Uhr vormittags zu geschehen. Abends, wenn der 8te Dezember kein Normaltag ist, so will Ich, daß in den Theatern Freyspektakeln gegeben werden, widrigenfalls aber werden dieselben den darauf folgenden Tag statt haben.*

Auch gedenke Ich den darauf folgenden Sonntag, nemlich den 9ten Dezember, sowohl für Kavaliers, als Damen nach den Kirchendienste, jedoch ohne Gala, Cercle zu halten.

Der Oberste Kanzler, Alois Graf Ugarte, schlug folgende Schauplätze für die Promulgation in Wien und in den Vorstädten vor: *Um aber an einem und dem nämlichen Orte nicht zu viel Volk zusammen zu häufen, dürfte die Publikazion in der Stadt zugleich an zwey Orten, nämlich auf dem Hof, und auf dem Graben, in den Vorstädten aber nach der bey der jährlichen Feyerlichkeit des Aufgeboths beobachteten Konzentrirung der verschiedenen Gemeinden, und zwar*
In der Leopoldstadt auf dem Platz vor den Karmelitter
In der Alsergasse in der Gegend des neuen Brunnens
In der Josephstadt vor der Piaristenkirche
Zu Mariahilf auf dem Platze vor der dortigen Pfarrkirche
Auf der Wieden bei St. Florian
Auf der Landstraße in der Gegend der Augustiner Pfarre
mittelst Herablesung des höchsten Patents veranstaltet werden.

Die Herablesung selbst hätte so, wie es in den Provinzen beobachtet worden, durch Sekretarien der Landesstelle, über all jedoch in Beyseyn eines Regierungsrathes, der eigentlich die Stelle des Kommissärs zu vertreten hätte, unter Trompeten- und Paukenschall zu geschehen; und müßte sich die Regierung in Absicht auf das zu Bedeckung der Kommissarien und Verherrlichung des Akts erforderliche Militär mit dem General Comando behörig einvernehmen, und eben so auch die Einleitung treffen, damit ein angemessener Theil des hiesigen Bürgerkorps dazu ausrücke, und bei der Publikazion in der Stadt gegenwärtig sey.

In ähnlicher Weise wurde die Verkündigung in den niederösterreichischen Kreisstädten St. Pölten, Krems, Korneuburg und Wiener Neustadt vorbereitet. Der Kaiser billigte den Vorschlag Ugartes vom 21. November 1804, ordnete jedoch an, daß in der Stadt Wien nicht der Graben, sondern der Neue Markt als zweiter Schauplatz für die Feierlichkeit bestimmt werde.

Aus einer Note des niederösterreichischen Regierungspräsidenten Joseph Karl Grafen von Dietrichstein vom 15. Dezember gehen die Kosten dieses feierlichen Aktes hervor. Man mußte in den sechs Vorstädten hölzerne, verzierte Tribünen errichten lassen, wofür an den Zimmermeister 2233 Gulden 43 Kreuzer, an den Anstreicher 420 Gulden und an 6 Taglöhner 19 Gulden 12 Kreuzer zu bezahlen waren. Die Kosten für die Trompeten und Pauken betrugen 192 Gulden.

Dietrichstein legte die Gesamtrechnung von 2864 Gulden 55 Kreuzer vor mit der Bemerkung, daß man für den Verkauf des Altholzes der Tribünen etwa 610 Gulden erhalten könne, fügte jedoch bei: *da es aber, wie er sich überzeugt halte, einen sehr guten Eindruck auf das Volk machen würde, wenn dieses Holzwerk nach dem Antrage des Bürgermeisters zerschnitten, und an Arme als Brennholz vertheilet würde,* fühle er sich verpflichtet, diesen Antrag dem Kaiser vorzulegen. Franz II. entschied, daß in diesem besonderen Falle *diese Auslagen aus Meinem Aerarium bestritten werden, nur ist das Holz auf die angetragene Art unter die armen zu vertheilen.*

Innenpolitisch bedeutete die Annahme des erblichen Kaisertitels für Österreich eine symbolische Krönung des langen Weges zur Verwirklichung des Gesamtstaatsgedankens, den man zweifellos auch als Sieg des Partikularismus über die Reichsidee interpretieren kann. Realpolitisch war die Richtigkeit der Überlegung, für die Erbländer noch das Beste herauszuholen, unbestreitbar, mag auch der österreichische Gesandte in Paris zur Hochstilisierung der Titel- und Rangfrage am 18. Juni 1804 bemerken: *All dies ist nicht das Papier und die Tinte wert. Die Gleichheit des Ranges mit Napoleon und Rußland verleiht keinen höheren Rang und hindert Napoleon nicht daran, sich zum Meister Europas zu machen vom Golf von Kalabrien bis zum deut-*

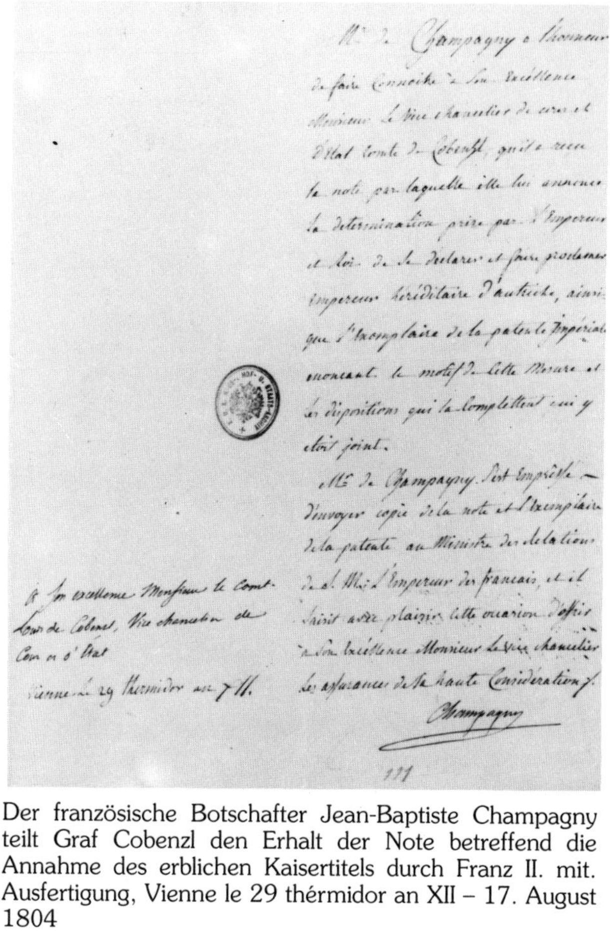
M. de Champagny a l'honneur de faire connaître à Son Excellence Monsieur le Vice chancelier de cour et d'Etat comte de Cobenzl, qu'il a reçu la note par laquelle elle lui annonce la détermination prise par l'Empereur et Roi de se déclarer et faire proclamer empereur héréditaire d'Autriche, ainsi que l'exemplaire de la patente impériale énonçant le motif de cette mesure et les dispositions qui la complettent qui y étoit joint.

M. de Champagny s'est empressé d'envoyer copie de la note et l'exemplaire de la patente au Ministre des relations de S. M. l'Empereur des français, et il saisit avec plaisir cette occasion d'offrir à Son Excellence Monsieur le Vice chancelier les assurances de sa haute considération.

Champagny

A Son excellence Monsieur le Comte Louis de Cobenzl, Vice chancelier de Cour et d'Etat

Vienne le 29 thermidor an 12.

111

Der französische Botschafter Jean-Baptiste Champagny teilt Graf Cobenzl den Erhalt der Note betreffend die Annahme des erblichen Kaisertitels durch Franz II. mit. Ausfertigung, Vienne le 29 thérmidor an XII – 17. August 1804

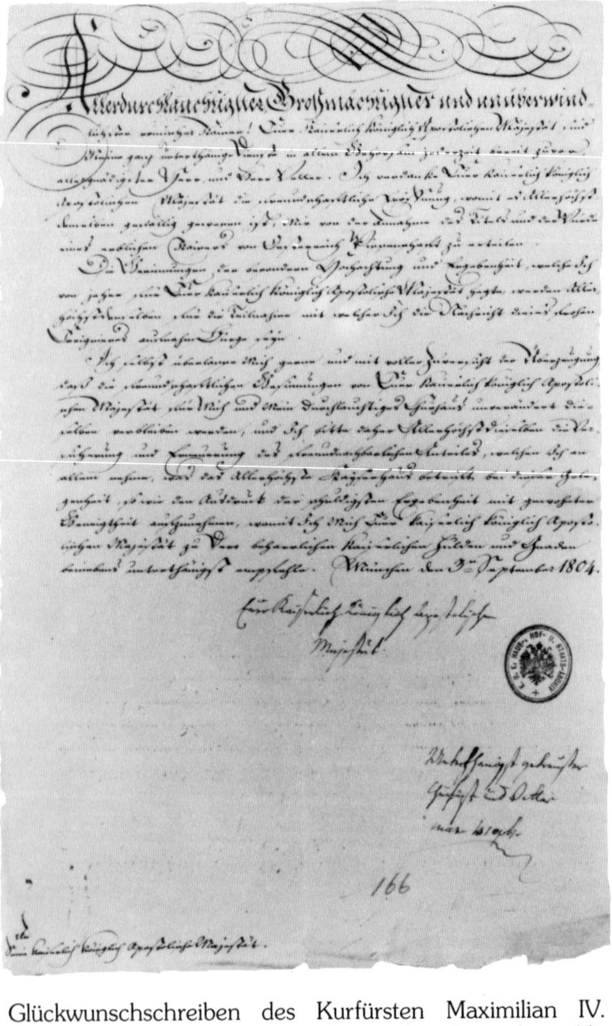
Allerdurchlauchtigster Großmächtigster und unüberwind-

München den 3ten September 1804.

Glückwunschschreiben des Kurfürsten Maximilian IV. Joseph von Bayern an Franz II. zur Annahme des erblichen Kaisertitels, Handschreiben, München, 3. September 1804

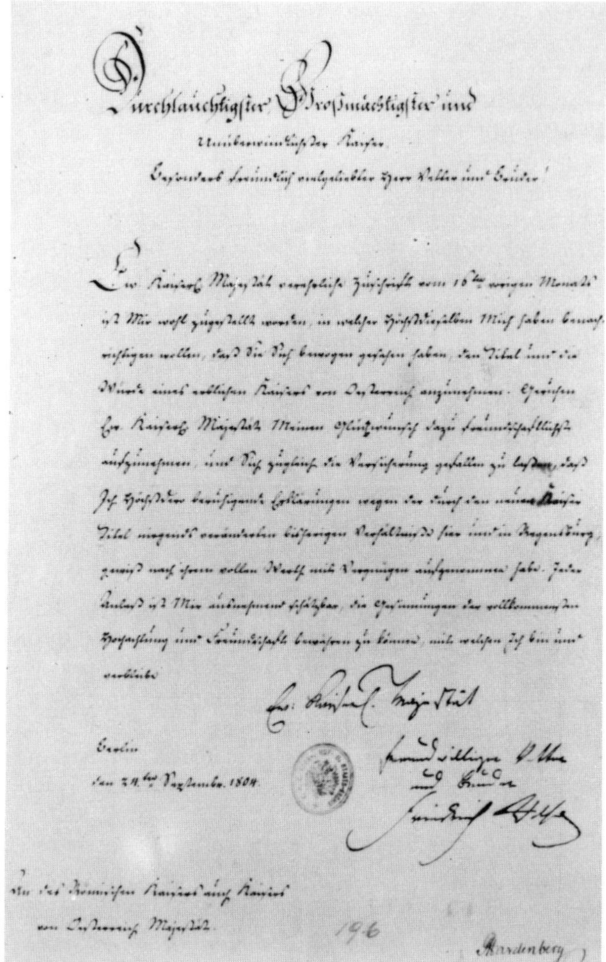

Glückwunschschreiben Königs Friedrich Wilhelm III. an Franz II. zur Annahme des erblichen Kaisertitels, Handschreiben, Berlin, 24. September 1804

schen Meer und vom Rhein bis zur Mündung des Tajo.

War es umstrittene Aufgabe der Vereinigten Hofkanzlei unter Ugarte gewesen, die Pragmatikalverordnung zu erlassen, so hatte jedenfalls die Staatskanzlei die Notifikationen an die auswärtigen Mächte und auch an die Reichsfürsten vorzubereiten. Am 15. August 1804 wurden das in Wien akkreditierte diplomatische Corps von der erfolgten Annahme des erblichen Kaisertitels in Kenntnis gesetzt. Die Handschreiben des Kaisers an die gekrönten Häupter erfolgten am 16. August; in allen Notifikationsschreiben wurde der Schritt mit der Entwicklung in Frankreich begründet. So beginnt die Mitteilung an den Papst mit den Worten: *Posteaquam in Regno Franciae Imperatoria hereditaria dignitas nuperrime sancita illaque a plerisque Europae Principibus agnita fuit, Nos quoque ut supremum Domus et Monarchiae Austriacae Caput apprime conveniens ac e re esse duximus Imperatorium dignitatem hereditariam Domui Nostrae adserere et voluntatem hanc Nostram, condita desuper lege fundamentali palam testatam facere* (Nachdem im französischen Reich erst kürzlich die erbliche Kaiserwürde beschlossen und von den meisten Fürsten Europas anerkannt worden ist, haben es auch Wir angemessen und entsprechend gehalten, als höchstes Haupt des Hauses und der Monarchie Österreich die erbliche Kaiserwürde Unserem Hause hinzuzufügen und diesen Unseren Willen, verankert durch ein diesbezügliches Grundgesetz öffentlich bekannt zu machen).

Die Empfangsbestätigungen der akkreditierten Minister für den Leiter der auswärtigen Angelegenheiten, Grafen Cobenzl, trafen sehr früh ein. Am 29. Thermidor des Jahres XII (17. August 1804) richtete der französische Botschafter an Cobenzl ein Schreiben: *M.r de Champagny a l'honneur de faire connoitre à Son Excéllence Monsieur le Vice-*

chancellier de cour et d'Etat Comte de Cobenzl, qu'il a reçu la note par laquelle elle lui annonce la determination prise par l'Empereur et Roi de se déclarer et faire proclamer Empereur héréditaire d'Autriche (Herr von Champagny hat die Ehre S.e Exzellenz den Herrn Hof- und Staatsvizekanzler Grafen von Cobenzl in Kenntnis zu setzen, daß er die Note erhalten hat, durch die sich der Kaiser und König zum erblichen Kaiser von Österreich erklären und proklamieren läßt).

In den Monaten September und Oktober trafen von den meisten europäischen Monarchen die formellen Anerkennungsschreiben in Wien ein. Friedrich Wilhelm III. anerkannte den Kaisertitel am 24. September 1804: als König von Preußen in einem französisch, als Kurfürst von Brandenburg in einem deutsch abgefaßten Schreiben. Der Ton dieser und der Erklärungen der übrigen Reichsfürsten folgte den konventionellen Formeln. Friedrich Wilhelm verband mit den Glückwünschen auch den Dank für die kaiserliche Willensäußerung, *daß Ich Höchstdero beruhigende Erklärungen wegen der durch den neuen Kaiser Titel nirgends veränderten Verhältniße hier und in Regensburg gewiß nach ihrem vollen Werth mit Vergnügen aufgenommen habe. Jeder Anlaß ist Mir ausnehmend schätzbar, die Gesinnungen der vollkommensten Hochachtung und Freundschaft bewähren zu können.*

Von den europäischen Großmächten reagierte als erste Frankreich. In Mainz, dem einstigen Sitz des Erzkanzlers und Kurfürsten, verfaßte Napoleon ein ganz eigenhändiges Schreiben an Kaiser Franz am 1. Vendémiaire des Jahres XIII (23. September 1804), welches begann: *Monsieur Mon frere je suis sensible aux choses aimables contenues dans la lettre de Votre Majeste; je La prie de recevoir mes felicitations sur l'erection de sa maison en maison imperiale héréditaire d'autriche* (Mein Herr Bruder, ich bin angenehm berührt von den erfreulichen Din-

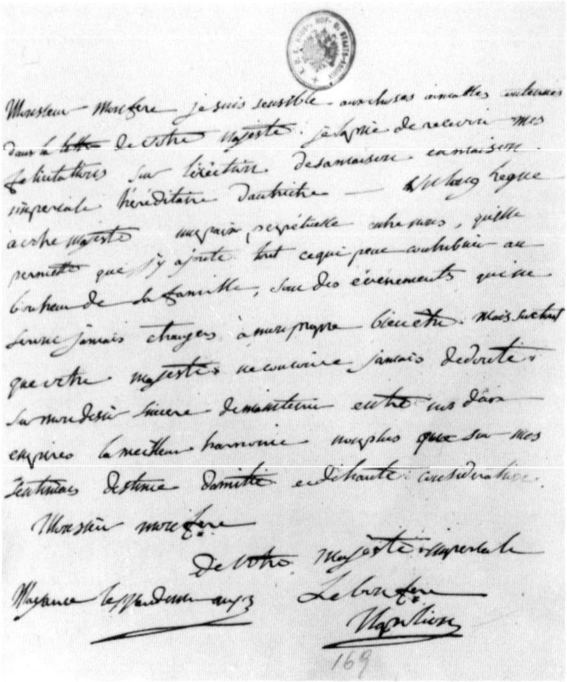

Ganz eigenhändiges Glückwunschschreiben Napoleons an Franz II. zur Annahme des erblichen Kaisertitels. Mayence le 1er vendémiaire an 13 – Mainz, 23. September 1804

gen, die im Brief Eurer Majestät enthalten sind. Ich bitte Sie, meine Glückwünsche zur Erhebung Ihres Hauses in ein erbliches Kaiserhaus von Österreich entgegenzunehmen). Die Zusicherung der Herstellung eines dauerhaften Friedens (*une paix perpétuelle entre nous*) und der Wunsch, Kaiser Franz möge nie daran zweifeln, daß er gewillt sei, zwischen beiden Kaiserreichen die beste Harmonie aufrechtzuerhalten (*mon desir sincere de maintenir entre nous deux empires le meilleur harmonie*), erwiesen sich sehr bald als ein leeres Versprechen.

Nach einigem Zögern fand sich auch Großbritanniens König Georg III. bereit, die Erhebung des österreichischen Hauses anzuerkennen – in den beiden Schreiben vom 24. Oktober 1804, sowohl als englischer Souverän als auch als Kurfürst von Hannover. Rußland warf dem Wiener Hof, den es zu einer neuen Festlandkoalition gegen Napoleon treiben wollte, vor, sich aus Angst dem Korsen unterworfen zu haben; erst der Abschluß der geheimen Konvention vom 6. November 1804 machte den Weg zur Anerkennung frei.

Gegen das Vorgehen des Kaisers in Regensburg, der dem Reichstag nur das Notifikationsschreiben zur Kenntnis bringen ließ, erhob nur Schweden als Reichsstand Einwände. Gustav IV., der dabei auch die Rolle Schwedens als eines der Garanten des Westfälischen Friedens geltend machte, verlangte, daß die Pragmatikalverordnung der Reichsversammlung zur Beratung vorzulegen sei.

In der Situation von 1804 konnte Österreich Napoleon die Anerkennung nicht versagen; dafür gab es keinen Spielraum. Die Proklamation zum erblichen Kaiser von Österreich durch Franz II. aus eigener Machtvollkommenheit war staatsrechtlich höchst geschickt formuliert, wenngleich es unklar bleiben mußte, wie Vollsouveränität für die böhmisch-österreichischen Länder mit deren Verbleib im Reichsverband vereinbar sein konnte. Fragwürdig ist es, daß Wien bereits jetzt das „Ende“ des Römischen Reiches als ein voraussehbares, ja zu erwartendes Ereignis einstufte.

Das Preßburger Friedensdiktat

Seit dem Wiederausbruch des Krieges zwischen England und Frankreich im März 1803 suchte das Kabinett in London auf dem Kontinent eine neue Koalition gegen Napoleon ins Leben zu rufen; dies wurde um so dringlicher, da dessen Pläne zu einer Invasion der britischen Insel durch die Zusammenziehung von Truppen bei Boulogne konkrete Gestalt anzunehmen schienen. England schloß mit Rußland am 11. April 1805 ein Bündnis zur Wiederherstellung des europäischen Gleichgewichts, dem sich Österreich am 9. August anschloß. Erzherzog Carl hatte bereits gegen die Geheimkonvention mit Rußland, abgeschlossen am 6. November 1804, schwerste Bedenken erhoben, weil er die österreichische Armee für einen neuen Waffengang mit den Franzosen nicht genügend vorbereitet fand. Er legte die Leitung des Hofkriegsrates zurück.

Nach Österreichs Weigerung, die Truppen aus Tirol und aus Venetien zurückzuziehen, erklärte Frankreich am 23. September 1805 den Krieg. Napoleon konnte die süddeutschen Staaten, Bayern, Baden und Württemberg, durch Verträge für sich gewinnen.

Inzwischen hatte Napoleon, wie dies Österreichs Staatsvizekanzler Cobenzl bereits 1804 befürchtet hatte, den Großteil der Apenninenhalbinsel durch die Bildung eines Königreichs Italien mit Frankreich verbunden. Nachdem er sich in einem feierlichen Akt in der Kirche Notre Dame in Paris am 2. Dezember 1804 nach der Salbung durch Papst Pius VII. selbst die Kaiserkrone aufs Haupt gesetzt hatte, fand am

28. Mai 1805 die Krönung für Italien mit der ehrwürdigen, in Monza aufbewahrten Eisernen Langobardenkrone statt. Eugène Beauharnais zog als Vizekönig nach Mailand.

Der dritte Koalitionskrieg endete mit einer Katastrophe für Österreich. Nach der Niederlage bei Austerlitz am 2. Dezember 1805 kam es zu einem persönlichen Treffen Napoleons mit Franz II. und zum Abschluß eines Waffenstillstandes am 6. Dezember. Die russischen Truppen unter Zar Alexander I. zogen sich zurück und schieden aus dem Kampfgeschehen aus. Preußen war trotz aller Einwirkung Rußlands neutral geblieben.

Zum Dank für die gewährte Waffenhilfe wurden von Napoleons Gnaden Bayern und Württemberg zu Königreichen, Baden zum Großherzogtum erhoben, eine Maßnahme, die Kaiser Franz im 7. Artikel des Preßburger Friedensdiktates anerkennen mußte.

Der am 26. Dezember 1805 geschlossene Friede legte dem Kaiserstaat schwerste Bedingungen auf. Österreich mußte auf Venetien verzichten, Napoleon als König von Italien anerkennen, es verlor Tirol und Vorarlberg nebst anderen Gebieten in Schwaben an Bayern; Württemberg und Baden legten die Hand auf die habsburgischen Territorien in Südwestdeutschland. Als Entschädigung erhielt Österreich allein Salzburg, wo bislang Erherzog Ferdinand von Toscana als Kurfürst regiert hatte, mit Berchtesgaden und den Rest aus den einstigen Gütern des Deutschen Ordens. Die Würde eines Hochmeisters sollte bei einem Prinzen des habsburgischen Hauses bleiben.

Die militärisch-politische Katastrophe verlangte den Rücktritt des Staatsvizekanzlers Cobenzl. Am 25. Dezember ernannte Kaiser Franz den aus dem Südwesten des Reiches stammenden Johann Philipp Grafen von Stadion zum Außenminister.

Johann Philipp Graf Stadion, Minister der Auswärtigen Angelegenheiten 1805–1809. Zeichnung von Sigmund Ferdinand Perger

Für die gedrückte Stimmung in der Hauptstadt Wien legt das erste politische Gedicht des damals 14jährigen Franz Grillparzer Zeugnis ab. Er schrieb 1805:

Mit frechen Feinden kriegen,
und sie auch stets besiegen,
Das wär´ schon recht;
Doch, ohn´ ein Schwert zu ziehen,
Noch immer mehr zu fliehen,
Ei! das ist schlecht!

Mit einem andern kämpfen,
Der Feinde Rachgier dämpfen,
Das wär´ schon recht;
Doch Pläne, die nichts taugen
Und nur das Land aussaugen,
Ei! das ist schlecht!

Daß Schurken sich beraten
Und Fürst und Land verraten,
Das ist nicht recht;
Doch sie zu pensionieren,
Statt zu arkebusieren,
Ei! das ist schlecht!

Im Siebenjähr´gen Kriege
Hatt´ man sehr wenig Siege,
Das war nicht recht;
Doch jetzt so schrecklich kriegen
Und auch nicht EINMAL siegen,
Ei! das ist schlecht!

Dem Lande Frieden schenken
Und Land und Leut´ bedenken,
Das wär´ schon recht;
Doch – JETZT den Frieden machen,
Worüber alle lachen,
Ei! das ist schlecht!

Wenn man uns reformierte
und alles anders führte,
Das wär´ schon recht;
Jedoch es bleibt beim alten,
Die Schurken läßt man walten,
Ei! wahrlich! das ist schlecht!

In seiner Selbstbiographie schreibt er zum Jahr 1805: *Meines Vaters Mißvergnügen stieg auf den äußersten Grad, als gerade damals, nach einer Reihe ungeschickt geführter Kriege die Franzosen zum ersten Male Wien besetzten, ich, der ich nach dem Beispiele meines Vaters der eifrigste Patriot war, mich doch nicht enthalten konnte, meinem Unwillen über so viel verkehrte Maßregeln in einem Spottgedichte oder vielmehr erbärmlichen Gassenhauer Luft zu machen. Er wurde blaß vor Schreck, als ich es ihm vorlas, machte mir die eindringlichsten Vorstellungen, wie mein ganzes künftiges Schicksal durch diese Verse in Gefahr gesetzt werden könnte, und band mir auf die Seele – nicht, es zu zerreißen (was denn doch eine gewisse Befriedigung voraussetzt) – wohl aber, es niemanden sehen zu lassen. Das habe ich treulich gehalten und es niemandem gezeigt; demungeachtet kam schon des andern Tages mein Vater ganz bestürzt aus dem Gasthause zurück, wo er manchmal des Abends ein Glas Bier zu trinken pflegte, rief mich beiseite und sagte mir, daß das Gedicht mit allgemeiner Billigung von einem der Gäste vorgelesen worden sei. Das Zeug machte gerade seiner plumpen Derbheit wegen die Runde durch die ganze Stadt; glücklicherweise erriet aber niemand den Verfasser.*

Kaiser Franz kehrte als Verlierer in seine Hauptstadt zurück. Am 22. Jänner 1806 appellierte er in einem von Stadion inspirierten Manifest an seine Völker: *Ich kenne kein anderes Glück, als das Glück dieser Völker, keinen höheren Ruhm als Vater dieser Völker zu seyn, die an Biedersinn, an fester und unerschütterlicher Treue, die an reiner Liebe zu ihrem Monarchen und ihrem Vaterlande keiner Nazion Europas nachstehen.*

Napoleon wußte darum, daß er im Gegensatz zu den *legitimen* Herrschern zum Erfolg und zum Sieg verurteilt war. In der berühmten Unterredung mit Met-

Kaiser Franz II. wird von der Wiener Bevölkerung vor dem Stephansdom bei seiner Rückkehr nach dem Abschluß des Preßburger Friedens begrüßt. 21. Jänner 1806. Lithographie

ternich hat es der Korse 1813 klarsichtig formuliert: *Eure Herrscher, geboren auf dem Throne, können sich zwanzigmal schlagen lassen und doch immer wieder in ihre Residenz zurückkehren; das kann ich nicht, ich, der Sohn des Glücks. Meine Herrschaft überdauert den Tag nicht, an dem ich aufgehört habe, stark und folglich gefürchtet zu sein.*

Der Zusammenbruch des Reiches

Der Sohn des Glücks stand vor dem Höhepunkt seiner Erfolge. Der Kaiser der Franzosen und der König von Italien hatte das Heilige Reich in Trümmer zerscherbt. Süddeutschland folgte seinem Wort. Ohne sich um Kaiser oder Reichstag zu kümmern wurden Grenzen verändert, Länder getauscht. Preußen stand nach Austerlitz unter französischer Kuratel. Im kaiserlichen Schloß Schönbrunn, in dem Napoleon standesgemäß seine Residenz während der französischen Besetzung Wiens aufgeschlagen hatte, verpflichtete sich Preußen im vorhinein, Gebietsveränderungen, die der kommende Friede zwischen Frankreich und Österreich bringen sollte, anzuerkennen. Napoleon konnte großzügig sein und versprach dem Preußenkönig alle Reichsterritorien, die in Personalunion mit Großbritannien verbunden waren, wofür allerdings die Hohenzollern Ansbach, Cleve und Neufchâtel abzutreten hatten. Auf Wunsch Napoleons mußte Bayern in einen Tausch einwilligen; es erhielt Ansbach, hatte aber dafür das Herzogtum Berg abzugeben. Diese Aktion gab dem Franzosenkaiser die Möglichkeit, in den beiden nordwestdeutschen Ländern Cleve und Berg seinen Schwager Joachim Murat gegen jedes Reichsrecht als Herzog zu installieren.

In den deutschen Satellitenstaaten förderte Frankreich die weitere Aushöhlung noch verbliebener kaiserlicher Rechte. Das Postregal, die Thurn- und Taxissche Post wurde nicht mehr anerkannt; die Werbung im Reich für die kaiserliche Armee untersagt. Der österreichische Geschäftsträger in Paris meldete bereits im März 1806 von Plänen zur Schaffung eines föderativen Zusammenschlusses deutscher Staaten unter dem Schutze Frankreichs.

Napoleon konnte sich als unumschränkter Herr Frankreichs, Italiens, wo er zusätzlich im Frühjahr 1806 seinen Bruder Joseph zum König von Neapel ernannt hatte, und Deutschlands fühlen. War nicht der historische Augenblick gekommen, das Kaisertum Karls des Großen zu erneuern? Der große Außenminister Frankreichs, Charles-Maurice Talleyrand, suchte den Ehrgeiz und den Expansisonsdrang seines Herrn zu kanalisieren. Er wies unmittelbar nach der Schlacht bei Austerlitz unter dem Aspekt der auszuhandelnden Friedensbedingungen Napoleon auf die Existenznotwendigkeit Österreichs in Mitteleuropa hin: *Ew. Majestät können die österreichische Monarchie zerstören oder aufrichten. Ist sie einmal zerschlagen, wäre selbst Ew. Majestät nicht in der Lage, ihre verstreuten Teile zu sammeln und sie zu einer einzigen Masse zusammenzufügen. Sie ist unerläßlich für das künftige Wohl der zivilisierten Nationen.* Er dachte an die Aufgabe Österreichs im Südosten Europas und befürchtete nach einem Zerfall des Kaiserstaates einen beherrschenden Einfluß Rußlands in Ungarn. Nach Talleyrands Vorstellungen sollte Österreich für die Verluste im Westen auf Kosten der Türkei die sogenannten Donaufürstentümer und Teile Bulgariens erhalten, um damit zugleich einer russischen Expansion entgegenzuwirken. Doch der Außenminister konnte Napoleon nicht überzeugen.

Dessen Pläne schienen in der Tat auf die Errichtung eines neukarolingischen Reiches abzuzielen. Am 2. Februar 1806 richtete er an Pius VII. den berühmten Brief, in dem er meinte: „Ich bin von nun an Karl der Große. Denn ich besitze die Krone Frankreichs samt jener der Lombarden und mein Reich grenzt an den Orient.“ Der schillernde Geist des noch amtierenden Reichserzkanzlers Karl Theodor von Dalberg ermunterte den Korsen. Der Kurfürst dachte bereits

1805 daran, Kaiser Franz II. zum Verzicht auf die Reichskrone zu bewegen. Dalberg widmete 1806 Napoleon die *Remarques sur le règne de Charlemagne* und forderte ihn offen auf, dafür zu sorgen, *daß das abendländische Weltreich wieder auflebe im Kaiser Napoleon, so wie es war unter Karl dem Großen, zusammengesetzt aus Italien, Frankreich und Deutschland.*

Da Frankreichs Kaiser nach dem Preßburger Frieden die Rückkehr des Grafen Johann Philipp Cobenzl ablehnte, wurde im März 1806 der General Carl Freiherr von Vincent als Geschäftsträger bis zur Neubestellung eines Botschafters nach Paris entsandt. Seine Berichte ließen keinen Zweifel übrig, daß Napoleon das Deutsche Reich umgestalten werde, wie es der Kaiser unmißverständlich am 31. Mai 1806 seinem Außenminister Talleyrand zu verstehen gab; es dürfe fürderhin kein Deutsches Reich und keinen Reichstag mehr geben.

Der Reichstag in Regensburg erhielt am 28. Mai 1806 durch den Staatsminister des Reichserzkanzlers Dalberg, Franz Joseph Freiherrn von Albini, die unerhörte Nachricht, daß dieser *zum Besten des Reichs und seiner Verfassung* einen Koadjutor bestellt habe. Fast alle Delegierten zum Reichstag waren vor den Kopf gestoßen, als sie den Namen des gegen jede Regel bestehenden Rechts Nominierten vernahmen: es war Joseph Kardinal Fesch, der Stiefonkel Bonapartes. Vom Papst pardoniert, war er 1802 Erzbischof von Lyon und Kardinal geworden. Die Maßnahmen zur Vernichtung des Deutschen Reiches begannen voll zu greifen. Ein der deutschen Sprache nicht Mächtiger war ausersehen, Dekan des Kurkollegiums, Leiter der Kaiserwahl und Kaiserkrönung, Chef des Erzkanzlerarchivs und der Reichsmatrikel zu werden. Napoleon hatte dann nach dem Abtritt Dalbergs jede Möglichkeit, rechtlich einwandfrei die Ausübung der kaiserlichen Gewalt durch Franz II. systematisch zu unterbinden und so auszuhöhlen, daß sie in sich zusammenbrechen mußte.

Grundsätzlich eröffneten sich zwei Wege in die Zukunft: Die Auflösung des Reiches oder dessen Umgestaltung unter französischer Regie. Im zweiten Fall konnte Napoleon selbst die Würde übernehmen oder einen ihm genehmen Kandidaten wählen lassen. Frankreichs Druck auf Wien wuchs.

Zunächst ernannte Napoleon als Geste des guten Willens den aus einer alten adeligen Familie stammenden, aus dem Exil nach Frankreich zurückgekehrten Grafen Alexandre de Larochefoucauld abermals zum Botschafter am Wiener Hof, wo er bereits 1805 akkreditiert gewesen war. Die Durchführung des Preßburger Friedens war ein schwieriges Unterfangen. Für die einst in Modena regierende Tertiogenitur, die den Breisgau wieder abzutreten hatte, wurde kein deutsches Territorium bereitgestellt. Erzherzog Ferdinand mußte warten. Desgleichen gab es trotz aller Vereinbarungen keine Entschädigung für die dem Deutschen Orden abgenommenen Gebiete. Frankreich forderte von Österreich Etappenwege durch österreichisches Gebiet zwischen Venetien und Dalmatien und drohte im Weigerungsfalle die noch immer besetzte Festung Braunau am Inn nicht zu räumen. Besonders belastet wurden die zwischenstaatlichen Beziehungen durch den Fall Cattaro. Dieser Seehafen am südlichsten Punkt Dalmatiens wurde vom österreichischen Kommandanten Marquese Ghislieri nicht den Franzosen, sondern den Russen übergeben, die in der Adria ein Geschwader zur Unterstützung der aufständischen Montenegriner stationiert hatten. Napoleon verlangte die unverzügliche Übergabe von Cattaro und sah die blendende Gelegenheit, Österreich und Rußland endgültig zu entzweien. Überdies forderte Frankreich, daß Österreich seine Seehäfen Triest und Fiume für russische und englische Schiffe sperren müsse. Es handelte sich um offenkundige Eingriffe in die österreichische Souveränität. Stadions Außenpolitik war auf Zusammenarbeit mit Rußland ausgerichtet. Er war zusammen mit Erzherzog Carl, der nach dem Desaster des Preßburger Friedens erneut die Leitung des Hofkriegsrates übernommen hatte, die treibende Kraft für eine umfassende innere Erneuerung, wie sie im Manifest des Kaisers vom 22. Jänner 1806 angesprochen wurde.

Zu diesen Problemen gesellte sich die Frage nach der Stellung des Kaisers im Reich. In Wien hatte man die offensichtlichen Verletzungen geltenden Rechtes, wie die Liquidierung der Reichsritterschaft, die Verletzung des Postregals, die Unterbindung kaiserlicher Werbungen im Reich, die Installierung Murats zum Herzog von Berg, die Bestellung von Kardinal Fesch zum Koadjutor Dalbergs dilatorisch behandelt. Doch man wußte, daß eine Entscheidung, ob die Kaiserkrone Ottos des Großen den Habsburgern verbleiben könne, unausweichlich vor der Tür stand.

Abdankung?

Stadion berief zur Klärung der Lage den kaiserlichen Konkommissär in Regensburg, Johann Alois Freiherrn von Hügel, und den kurböhmischen Gesandten, seinen Bruder Friedrich Lothar, nach Wien. Baron Hügel war ein hervorragender Kenner des Reichsrechts und übte bestimmenden Einfluß auf alle drei kaiserlichen Vertretungen in Regensburg aus. Er hatte überdies die Reichskleinodien vor dem Zugriff der heranrückenden Franzosen im Jahre 1800 nach Wien bringen lassen, nachdem ihm diese bereits 1796 von der Stadt Nürnberg aus Sicherheitsgründen nach Regensburg übergeben worden waren.

Baron Hügel stellte sein *Gutachten über die Frage: Ob das Oesterreichische Kaiserhaus nach den eingetretenen Folgen des Preßburger Friedens die Römisch-Deutsche Kaiserkrone noch forttragen solle* am 17. Mai 1806 fertig, noch vor der Ernennung von Kardinal Fesch zum Koadjutor des Erzkanzlers Dalberg. In 18 Punkten skizzierte er leidenschaftslos die Lage unter dem Gesichtspunkt etwaiger negativer Auswirkungen auf die österreichische Monarchie. Der Nutzen des Hauses Österreich rückte ins Zentrum der Überlegungen.

Hügel ging davon aus, daß der Friede von Lunéville und der Reichsdeputationshauptschluß unter der Garantie von Frankreich und Rußland es dem Reichsoberhaupt ermöglichten, *seine Rechte geltend zu machen und seine Pflichten zu erfüllen.* Es gab noch die Hoffnung, *daß unter fortwährenden friedlichen Verhältnissen von außen die loser gewordenen Bande der Verfassung sich im inne-*

ren durch das Gefühl eignen Bedürfnisses und durch die Mitwirkung des allerhöchsten Hofes nach und nach wieder befestiget würden. Der Preßburger Friede hat dies geändert durch die territorialen Veränderungen, die Rangerhöhungen und die Zuerkennung der vollen Souveränität an die drei süddeutschen Staaten. Wohl wäre dem Buchstaben nach die Erhaltung der Reichsverfassung in den übrigen Teilen möglich unter der Voraussetzung des *aufrichtigen Willens* der Reichsstände und der Garantie einer künftigen Nichteinmischung Frankreichs. Hügel zitierte dazu den Artikel 4 der Pariser Konvention vom 26. Dezember 1802: *A sa Majesté l'Empereur sont réservés tous les droits qui lui compètent comme Chef de l'Empire* (Seiner Majestät dem Kaiser bleiben alle Rechte erhalten, die ihm als Reichsoberhaupt zustehen). Dennoch haben die süddeutschen Staaten die Artikel des Preßburger Friedens im Sinne einer völkerrechtlichen Vollsouveränität ausgelegt, mit der *die fernere Erhaltung der Verfassung nicht vereinbarlich ist.* Die Reichritterschaft ist völlig den größeren Territorien unterworfen und die noch bestehenden Reichsstädte sollen *unter den besonderen Schutz des französischen Kaisers gestellt werden.*

Hügel verwies an dieser Stelle auf einen Bericht des Kanzleidirektors der kaiserlichen Prinzipalkommission in Regensburg, Joseph Haas, über die Situation des Reiches, wie sie sich anfangs Mai 1806 darstellte. Es ist die dem Gutachten Hügels beigelegte *Skizze über die dermalige Lage des deutschen Reichs. Mai 1806.* Haas war zutiefst erschüttert, er hing mit allen Fasern an diesem Römisch-deutschen Reich und schrieb einleitend: *Was der deutschen Fürsten unbezähmbarer Geist nach übelverstandener Freyheit in Jahrhunderten nicht vermogte, das hat in einem Zeitalter, wo von diesem Freyheitssinne keine Spur mehr vorhanden ist, fremde Übermacht und Politik mit einem Streiche vollendet. Die Einheit des deutschen Reichs ist aufge-*

löst, . . . Das deutsche Volk hat aufgehört ein Staat zu seyn, nicht um der Unabhängigkeit seiner Stände willen, sondern um demselben ein fremdes Joch desto schwerer aufzulegen. Nicht durch Friedensschlüsse und Staatsverträge ist diese Veränderung bewirkt, sondern durch den Willen eines Einzigen, dessen rastlose Seele immer weiter schreitet, und zu vollziehen gewohnt ist, was seine revolutionäre Fantasie stäts neu ausbrütet.

In 22 Punkten schlüsselte Haas die restlose tatsächliche Vernichtung der kaiserlichen Gewalt im Reich auf und schloß mit diesen Worten: *Die Skizze über die Zertrümmerung desselben wird sich also wohl am schicklichsten mit einer Frage schließen, ähnlich derjenigen, die einst der Usurpator Pipin an den Pabst Sylvester* [recte: Zacharias] *that: Welcher Fürst wird künftig wohl die erste Krone von Europa übernehmen wollen, wenn sie nicht derjenige aus unbegränzter Ehrsucht sucht, welcher ihre Gewalt usurpirt hat?*

Hügel folgerte von diesen Voraussetzungen aus, daß man die Frage beantworten müsse, was jetzt *die Würde und das Ansehen Seiner Kaiserlichen Majestät, und das Interesse Ihres Hauses erfordere.*

Von der Prinzipalkommission seien in den vergangenen Monaten alle Verletzungen des Preßburger Traktates sowohl der Reichs- als der Staatskanzlei in Wien gemeldet worden. Die Untätigkeit Wiens in Reichsangelegenheiten sei verstehbar, da noch immer französische Truppen auf österreichischem Gebiet stünden, mit derem Abzug von Inn und Isonzo wohl erst nach einer hoffentlich baldigen Beilegung des unseligen Cattarozwischenfalls gerechnet werden könne.
Der Konkommissär meinte, daß man vorsichtig, aber bestimmt die Übertretungen der Reichsverfassung in

Paris zur Sprache bringen müsse, verbunden mit einer Erklärung, *das Oesterreich bereit sey, sich über alle jene Modifikationen mit dem französischen Hofe einzuverstehen, welche die neue Ordnung der Dinge im Reich notwendig oder ersprießlich mache.*

Es gäbe keine politische Alternative als einen Ausgleich mit Frankreich, wobei man den schwierigen Weg zwischen Annäherung und Unterwerfung gehen müsse. Hügel war Realist genug, als daß er an ein Einlenken durch Napoleon wirklich geglaubt hätte. Man müsse nur Klarheit über die Absichten des Pariser Hofes erhalten: *Es ist möglich, daß die offene Sprache bey Frankreich keine Wirkung hervorbringe – möglich daß das System Frankreichs, die deutsche Verfassung gänzlich aufzulösen, und daraus einen von seinem Einflusse abhängenden Staatenbund zu bilden, täglich in weitere Erfüllung gesetzt werde – möglich endlich, daß Kaiser Napoleon sich zum Römischen Kaiser in Rom krönen lasse, oder gar den Verzicht auf die Kaiserkrone ausdrücklich fordere.*

Im Zentrum der weiteren Überlegungen stand nunmehr *das Interesse des Hauses Oestreich,* ob es erforderlich sei, *dieser Entwikelung durch Entsagung auf die Kaiserkrone entgegen zu gehen, und welcher Art und in welchem Zeitpunkt diese Entsagung vorzubereiten und auszuführen wäre.* Es ging Hügel um die kühle Kalkulation nicht mehr des Ob, sondern des Wann einer Abdankung, verknüpft mit der Frage, welch politischen Nutzen das Haus Österreich daraus ziehen könne. Lakonisch meinte Hügel, es bedürfe keiner Ausführung, *daß das Opfer der Reichoberhauptlichen Würde und der Verzicht auf die Kaiserkrone an und für sich nicht schwer seyen, daß der Nutzen derselben für die Oestreichische Monarchie leicht entbehrt werden könne.* Wichtig war allerdings die genaue Berechnung der Folgen des Verzichts auf die Krone. Eine bloße Niederlegung müßte zu einer Zwischenregierung unter der Leitung der Reichsvikare Bayern und Sachsen führen. Dabei hätte nun Napoleon nahezu unumschränkte Möglichkeiten der Einflußnahme, auch für den Fall einer Neuwahl: Napoleon *mag übrigens die Kaiserkrone sich selbst zueignen oder sie einem deutschen Fürsten zueignen wollen, so werden mit der Kaiserkrone ausgiebigere Rechte und Vortheile für das Reichsoberhaupt, und lästigere Pflichten für die Stände mit aller Gewißheit verbunden werden.*

Nach Hügels Ansicht waren die Möglichkeiten der Verzichtsfolgen sehr groß und die Pläne Napoleons unberechenbar. Eine sofortige freiwillige Abdankung würde den Absichten von Paris entgegenkommen und seinen Plänen im Reich den Schein der Legalität schenken. Napoleon scheue nicht den Einsatz von Gewalt bei der Durchsetzung seiner Ziele, sei aber ebenso bemüht, *die Formen des Rechts und der Zufriedenheit der betreffenden Stände beyzubehalten.*

Eingehend auf die politische Lage Europas schien dem kaiserlichen Diplomaten ein allgemeiner Kontinentalfriede *noch nicht so nahe, als es für das Heil der Menschheit zu wünschen wäre.* Österreich bleibe keine andere Wahl, als den derzeitigen Stand zu halten und sonst strengste Neutralität zu wahren, bis eine innenpolitische Reform erfolgt sei. In diesen Ausführungen ist Stadions Einflußnahme unverkennbar. Eine innere Erstarkung Österreichs sei die Grundvoraussetzung für ein größeres internationales Gewicht: *Inzwischen wird der dermalige Zeitpunkt einer längeren oder kürzeren Ruhe vorerst*

zur Festsetzung eines guten Finanz Systems

zur Wiederherstellung eines achtungswerthen Defensions Standes

zur Gründung einer thätigen innern Verwaltung zu benutzen, und dadurch die Achtung und die Theilnahme des Auslandes für die Oesterrei-

chische Monarchie aufs neue zu gründen zu zu befestigen seyn.

Für den Fall der Abdankung brachte Hügel die nötige Sorge für die Diplomaten und Beamten in kaiserlichen Diensten, bei der Prinzipalkommission in Regensburg und beim Reichshofrat in Wien, zur Sprache, weiters die Verwahrung der Archive und Registraturen, *daß bey der Abgabe dieser Litteralien weder das Interesse des allerhöchsten Hofes noch jenes vertrauter Reichsständischer Höfe oder Individuen in Gefahr gesetzt werden.* Ebenso gelte es Vorkehrungen für das Gebäude der Reichshofkanzlei in Wien und für die seit 1800 in Wien verwahrten Kleinodien zu treffen.

Abschließend sei aus Hügels Gutachten noch ein ganz entscheidender Punkt herausgegriffen. Für den Fall der Niederlegung der Kaiserwürde müsse die Garantie gewährleistet sein, daß die österreichischen Privilegien nicht beeinträchtigt würden, die Befreiung aller Erbländer von finanziellen Lasten für das Reich sichergestellt sei, und daß die gänzliche Unabhängigkeit Österreichs *von allen politischen Banden, mit welchen Kaiser Napoleon als Römischer Kaiser die deutschen Stände an sich knüpfen würde, geltend* gemacht werden könnte. Hügel verlangte die völlige Loslösung der Erbländer vom Reich als Voraussetzung für die Niederlegung der Reichskrone.

Das Gutachten des kurböhmischen Gesandten in Regensburg, des Grafen Friedrich von Stadion, *über die Frage: Ob unter den gegenwärtigen Umständen die Beybehaltung der Römisch-deutschen Kaiser Krone räthlich sey?,* wurde in Wien am 24. Mai 1806 unterschrieben. Auch dieser war der Ansicht, daß der Preßburger Friede die Verhältnisse grundlegend verändert habe. In Süddeutschland verfüge der Kaiser über keinerlei Einfluß mehr, Napoleon herrsche über Reichsländer unumschränkt, wie dies das

Schicksal von Cleve und Berg gezeigt habe, und wie dies durch das Ansinnen an die noch freien Reichsstädte, sich unter französischen Schutz zu stellen, noch erhärtet werde. Friedrich Stadion rechtfertigte auch die Untätigkeit des Kaises bei den öffentlichen Verletzungen des Reichsrechtes: *Alle Theile der Reichsoberhauptlichen Gewalt, Gerichtsbarkeit, Executiv-Gewalt, Regalien, sind jetzt nicht in Anwendung zu bringen. Jeder Versuch, sie gelten zu machen, würde mächtigen Widerspruch erregen, dem man nachgeben müßte.*

Was bringe daher noch der römische Kaisertitel außer dem Rang: *Aber kann dieser noch als ein Vortheil angesehen werden, da er all seiner rechtlichen Würkungen beraubt, der eigenthümlichen Würde des Oesterreichischen Monarchen gewiß keinen weiteren Glanz und Ansehen beilegen kann?* Verglichen mit den Ausführungen Hügels spricht aus Stadions Ausführungen mehr nostalgische Trauer um das unwiederbringlich verlorene Reich. Stadion sieht jedoch ganz klar und unbestechlich, daß Napoleon in seiner Reichspolitik bereits so weit gegangen ist, daß er von Kaiser Franz die Abdankung erzwingen werde und meint: *Es bedarf keiner Ausführung, wie unangenehm es seyn würde, einer solchen Aufforderung nachzugeben, und daß es in jedem Fall nöthig seyn würde, ihr durch eigne Entsagung lieber vorzukommen.*

Die Kaiserkrone stelle für Österreich eine wahre Last dar. Es gäbe auch keinerlei Wahrscheinlichkeit, daß sich die politische Lage Europas so ändern könnte, daß durch ein weiteres Ausharren Zeit bis zur Wiederherstellung des früheren Zustandes gewonnen würde. Ein allgemeiner europäischer Friede mit Napoleon werde Österreich und dem Reich nichts zurückgeben. Und selbst wenn Frankreich dazu gezwungen werden könnte, auf seine Übermacht in Deutschland zu verzichten, *würde,* so schrieb Stadion geradezu visionär, wie dies der Verlauf des Wiener Kongresses nach dem Sturz Napoleons zeigte, *doch die deutsche Verfaßung und die kaiserlichen Rechte nie mehr in der Art hergestellt werden, wie sie bisher waren; am wenigsten zu Gunsten des östreichischen Monarchen.* Bei einer Neuordnung Deutschlands würde Österreich *ohne den deutschen Kaisertitel sicherer auf den Einfluß in Deutschland rechnen können, der ihm vermöge seiner Macht und Lage ohnehin zukommt.*

Wie Hügel wies Stadion auf die Gefahren hin, die Österreich durch die Ausübung des Reichsvikariates durch Bayern und Sachsen bedrohen könnten. Für ihn gab es nur die Alternative einer gänzlichen und definitiven Auflösung des Reiches oder dessen Reorganisation durch Napoleon, die für die Erblande noch bedrohlicher wäre, zumal Stadion der Ansicht war, daß sich Napoleons Absichten keineswegs nur auf die endgültige Beseitigung des österreichischen Einflusses auf Deutschland richteten. Für Österreich gehe es dagegen in der derzeitigen Lage darum, möglichst jede Konfrontation mit Frankreich zu vermeiden. Es handelte sich also nur um die Frage, wann Franz II. die Krone ablegen solle. Der Zeitpunkt der Entsagung dürfe nicht soweit hinausgezögert werden, bis die Krone überhaupt keinen Wert mehr darstelle, doch müsse man danach trachten, die Abdankung solange hinauszuzögern, bis dafür ein entsprechender Preis von Frankreich zu erhalten sei. Denn die deutschen Angelegenheiten waren für den kurböhmischen Reichstagsgesandten nur mehr ein Mittel für den Allerhöchsten Hof, *um andere für ihn wichtigere Zwecke zu erzielen.*

Inzwischen war in Wien die neuerliche Brüskierung des Reichsoberhauptes, die von vielen, auch Napoleon ergebenen Persönlichkeiten, abgelehnt wurde, bekannt geworden: die Ernennung von Kardinal Fesch zum Koadjutor des Reichserzkanzlers Dalberg. Wien mußte in diesem Fall eine Reaktion zeigen. Der Reichsvizekanzler Franz Gundacker Fürst Colloredo ließ ein Handschreiben an Dalberg durch Baron Hügel entwerfen, das eine entschiedene Zurückweisung der Verletzung der Reichsgesetze bei dem eigenmächtigen Vorgehen des Reichserzkanzlers enthielt. Die Abfertigung erübrigte sich, als in Wien die Ausgabe des „Moniteur", der 1789 gegründeten französischen Staatszeitung, vom 6. Juni 1806 mit der Meldung eintraf, daß Napoleon der Ernennung seine Zustimmung gegeben habe. Kaiser Franz begnügte sich mit einem milden Tadel für Dalberg.

Österreich war nach wie vor in Paris nicht durch einen Botschafter vertreten. Napoleon gab erst sein Agrément, als der Wiener Hof Clemens Lothar Grafen, später Fürsten Metternich, der mit Eleonore Gräfin Kaunitz, der Enkelin des großen Staatskanzlers der Maria-Theresianischen Zeit, vermählt war, für diesen Posten nominiert hatte. Die Abreise des neuen Botschafters war erst möglich, wenn Wien in der Frage der Entsagung auf die Kaiserwürde eine Entscheidung getroffen hatte. Die für Metternich auszustellende Instruktion mußte diesbezügliche Weisungen enthalten.

Der österreichische Außenminister ließ in der Staatskanzlei aus den Berichten Hügels und Friedrich Stadions unter der Berücksichtigung der neuen Entwicklungen ein zusammenfassendes Mémoire anfertigen *Über die Frage: Ob Österreich die Kaiser Krone des Römischen Reichs noch forttragen solle?*. Besondere Aufmerksamkeit verdienten dabei die beiden Ernennungen von Murat zum Herzog von Cleve und Berg und die von Fesch zum Koadjutor. Stadion wies darauf hin, daß über diese Angelegenheiten *der als Botschafter nach Paris gehende Graf Metternich mit vieler Sorgfalt und umständlich zu instruiren sein* wird. Daneben sollten in der Instruktion auch ebenso wichtige, jedoch im Bezug der allgemeinen Politik etwas weniger bedeutende Infraktionen des Preßburger Friedens behandelt werden:

1. Die Mediatisierung der Reichsritterschaften

2. Das von den süddeutschen Staaten sich angemaßte Postwesen

3. Die ebenfalls von diesen Höfen getätigten Schritte zur Mediatisierung der kleineren Reichsstände

4. Die Unterbindung der kaiserlichen Werbungen.

Erst nach den Sondierungsgesprächen Metternichs in Paris sollte man den Gesichtspunkt erheben, *aus welchem sowohl der Zeitpunkt als die Bedingniße beurtheilt werden müßten, welche in dem Falle einzutreten hätten, daß es wirklich nöthig befunden würde an die Ablegung der Kaiser Krone zu denken*. Johann Philipp Stadion vertrat den Standpunkt, den Zeitpunkt der Abdikation möglichst lange hinauszuschieben.

Endlich unterbreitete der Außenminister alle genannten Schriftstücke dem Kaiser mit einem recht kurzen Vortrag am 17. Juni 1806. Zweifellos hatte Kaiser Franz die reichsoberhauptlichen Pflichten ernst genommen, doch ebenso klar mußte für ihn die Sorge für die Erbländer in ihrer Gesamtheit die wesentlichere Rolle spielen. Das österreichische Pflichtbewußtsein hatte das reichische, das deutsche in den Schatten zu stellen, die österreichischen Länder mußten allen Zugriffen Napoleons entzogen und gesichert werden. Das sind die bestimmenden Gesichtspunkte der langen kaiserlichen Entschließung zum Vortrag Johann Philipp Stadions, die mit dem Satz beginnt: *Der Zeitpunkt zur Abtrettung der Kaiserwürde ist jener, wo die Vortheile, die aus selber für Meine Monarchie entspringen, durch die Nachtheile, die durch eine fernere Beibehaltung derselben entstehen können, überwogen werden.* Die Abtretung sollte mit den größtmöglichen Vorteilen für die österreichische Monarchie verbunden sein. Unumwunden optierte der Kaiser für die gänzliche Trennung seiner nunmehrigen Erbmonarchie vom alten Reich: er war willens für den Fall der Abtretung – das Wort Abdankung wird in der Resolution immer vermieden – *Meine Monarchie eher ganz von allem Reichsverbande in einem solchen Falle loßzureißen, als sie in einem Verbande zu belassen, welches Napoleon, oder wem immer von ihm ganz zum Oberhaupte haben, und den er zu Erreichung seiner Absichten benützen sollte.*

In diesem Sinne sollte nach Franzens Wille die Instruktion für Metternich ausgestellt werden, der Frankreichs Pläne genau zu erkunden habe. Der neue Botschafter verließ am 11. Juli Wien, doch noch ehe er Paris erreichen konnte, waren die Würfel gefallen. Am 12. Juli 1806 schlossen sich in Paris 16 Reichsfürsten zum Rheinbund zusammen und verließen faktisch das Reich. Die 40 Artikel der Rheinbundakte hatte Talleyrand entworfen. Sie mußte bis 25. Juli 1806 ratifiziert werden. Das Protektorat über den Rheinbund übernahm Napoleon. Damit war bis zur Gründung des Deutschen Bundes (8. Juni 1815) jede politische Organisation für Gesamtdeutschland zerstört worden. Formell erklärten die Rheinbundmitglieder am 1. August 1806 gegenüber den in Regensburg versammelten Bevollmächtigten der Reichsstände, die dem Bund nicht angehörten, ihren Austritt aus dem Reich.

Tags zuvor hatte der Reichserzkanzler Dalberg, ebenfalls Mitglied des Rheinbundes, dem Reichoberhaupt mitgeteilt: *Gegen Euer Kaiserlich Königlich Apostolischen Majestät entledige ich mich heut tief gerührt als Kurfürst-ReichsErzkanzler meiner letzten Pflicht, in dem ich . . . hiedurch anzeige, daß ich morgen bei der allgemeinen Reichsversammlung diese meine Würde niederlegen werde.* Dalberg skizzierte kurz die Entwicklung seit dem Hauptschluß von 1803, gedachte der *Anarchie* im Reich und stellte fest, daß durch den Preßburger Frieden, *der ohne daß er dem Reich bis jetzt formell mitgetheilt worden* sei, die noch übrige

Reichsverfassung vollends zerrüttet werde. Ehe er dem Kaiser die einstigen Mitglieder der Reichsbehörden empfahl, schrieb er über seine bisherigen Absichten und Motive: *Mein Gewissen sagte mir, daß ich alles versucht habe, was wesentlich war, und in meinen Kräften stunde, um diesen Reichsverband zu erhalten. Meine Mühe war vergeblich; es ist nicht möglich, der alten ehemalen wirksamen Reichsversammlung aufzuhelfen. Es blieb mir daher nichts mehr übrig, als einer neuen Staatenverbindung beizutreten, welche diesen deutschen Landen Ruhe, Ordnung und Sicherheit gewährt.*

Das formelle Ende des Reiches war nur mehr eine Sache von Tagen. Napoleon suchte Preußen davon zu überzeugen, wieviel es von einer Auflösung des Reiches zu erwarten hätte, und ließ die Möglichkeit einer Einigung der restlichen Reichsterritorien in Norddeutschland unter einem preußischen Kaisertum anklingen. Wien hatte keinen Handlungsspielraum. Vorbei waren die Träume von einem Äquivalent für die Abdankung. Der neue Botschafter Metternich wurde in Straßburg eine Woche an der Weiterreise gehindert, der Geschäftsträger Vincent hingegen am 22. Juli zu Napoleon befohlen. Bonaparte warf Österreich vor, den Preßburger Frieden nicht zu exekutieren, unter Hinweis auf die noch immer nicht erfolgte Übergabe von Cattaro. Er kenne, so drohte Napoleon, keinen Kaiser und kein Reich mehr. Der Kaiser von Österreich möge Ranggleichheit mit dem französischen haben, wenngleich die Könige von Ungarn und Böhmen hinter den Königen von Frankreich gestanden hätten. Für den Fall, daß Österreich nicht bis 10. August befriedigend handle, werde er den Krieg beginnen, Salzburg und das Land ob der Enns bis Linz besetzen. Derzeit denke er überdies nicht daran, den Titel eines Kaisers des Okzidents anzustreben.

Wien mußte schnell handeln. Mit einem Handschreiben trug Kaiser Franz am 31. Juli seinem Außenminister auf, alle Vorbereitungen für die Niederlegung der Kaiserwürde zu treffen, um den Franzosen jeden Vorwand für einen Einfall zu entziehen. gleichzeitig erhielt Erzherzog Carl den Befehl, alle militärischen Maßnahmen zur Abwehr zu treffen.

Für die zu erwartende Unterredung des Außenministers mit dem französischen Botschafter de Larochefoucauld arbeitete Baron Hügel in Eile eine *Punctation der agendorum in Folge des von dem General B. Vincent angekündigten Verlangen des Französischen Kayßers zur Niederlegung der deutschen Kayßer Krone* aus.

Noch am 31. Juli wurde in der Staatskanzlei ein Papier erstellt, in dem davon die Rede war, daß die Anerkennung des Rheinbundes durch Österreich als souveräner Macht *eine Gefälligkeit* und von seiten der mit ihm vereinigten römischen Kaiserkrone *ein Opfer* sei. Unrealistisch sprach man noch davon, daß die Anerkennung der Konföderation *mit Dank und billigen Vorteilen vergütet zu werden* verdiene. Auch Hügel übernahm noch diese Argumentation.

Die erwähnten *Bemerkungen* vom 31. Juli führten die Vorteile einer Niederlegung der Kaiserwürde in fünf Punkten aus:

1. Völlige Erfüllung der Artikel XI. und XII. des Preßburger Friedens.
2. Man glaubte noch, eine *bessere Arrondierung der Grenze mit dem Bairischen Gebiet diesseits des Inns, und mit dem ehehin Salzburgischen Anteil von Passau* erzielen zu können.
3. Eine *anständige Regulierung des wechselseitigen Ceremoniels und Etiquette.*
4. Die gänzliche Trennung der *Oesterreichisch-deutschen Besitzungen* vom Reich.
5. Die Befreiung von allen Verbindlichkeiten gegenüber dem Römisch-deutschen Reich.

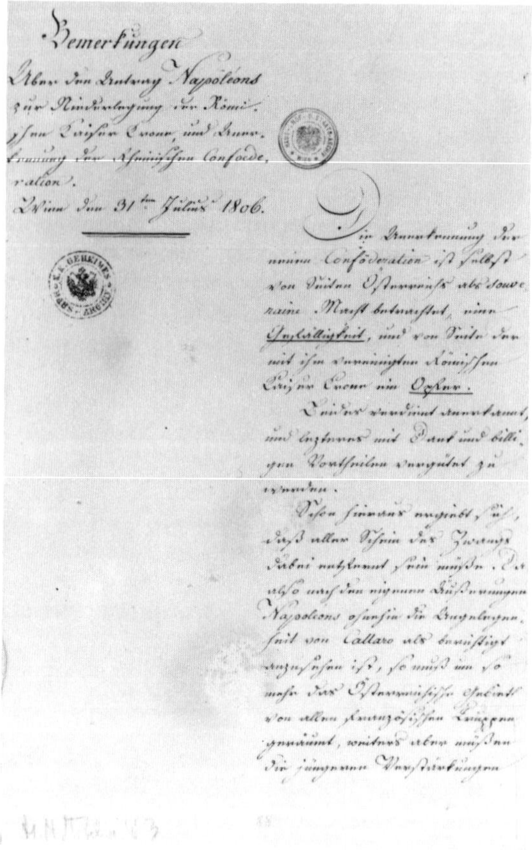

Bemerkungen über den Antrag Napoleons zur Niederlegung der Römischen Kaiser Crone, und Anerkennung der Rheinischen Confoederation. Wien den 31ten Julius 1806.

Beilage zum Vortrag Stadions an Kaiser Franz II. Zur Frage der Anerkennung des Rheinbundes und der Niederlegung der Römischen Kaiserkrone. Wien, 31. Juli 1806

Es wäre eine Staatsakte auszuarbeiten, wobei man zunächst zu klären hätte, in wessen Namen sie zu verfassen und an wen sie zu richten sei. Grundsätzlich könne Kaiser Franz die römische Krone als österreichischer Souverän oder als erwählter Kaiser niederlegen. Adressat des Patentes sei das *ganze deutsche Reich,* seien nicht die Kurfürsten, wie dies bei der Resignation Karls V. gewesen sei, weil dieser *sie nur abgelegt hat, um sie von denen, die sie ihm gaben, wieder an einen Nachfolger vergeben zu lassen, hier aber mit der Niederlegung der Krone die ganze Reichsoberhauptliche Macht und Würde aufhören solle.* Man war sich dabei in Wien der reichsrechtlichen Problematik dieses Schrittes sehr wohl bewußt, wenn es hieß: Im Grunde könne man zwar das, *was man bekommen hat, nur dem abgeben, von dem man es bekommen hat. Da aber 4 Kurfürsten sich eigenmächtig Ihrer Kurfürstlichen Würde begaben, und da die Kurfürsten zwar das ausschließliche Wahlrecht gehabt, im Grunde aber nur Etwas für das ganze Reich gegeben haben, so scheint dermal diese Krone nur dem Ganzen wiedergeben werden zu können.*

Die *Bemerkungen* beschäftigten sich dann mit der Frage nach dem weiteren Verbleib der Reichskleinodien und des Schriftgutes aus der Tätigkeit der Reichsbehörden: Reichshofrat, Reichskanzlei und Prinzipalkommission. Für die Kleinodien boten sich vier Möglichkeiten an: *Sollen sie als Antiquitäten hier zu behalten verlangt werden, sollen sie nach Rom ihrer Benennung halber versendet, oder sollen sie dem Erz Marschall überliefert, oder sollen alle diese Fragen mit Vorsatz* in der Deklaration vermieden werden. Das Patent müsse in Regensburg der allgemeinen Reichsversammlung mitgeteilt werden, die durch den zu erwartenden Schritt der Rheinbundfürsten am 1. August und auch durch *das Bestreben Preußens im Norden von Deutschland eine ähnliche Union zu errichten noch nicht aufgelöst ist.*

Aus dem Vortrag, den der Außenminister dem Kaiser am 1. August vorlegte, geht hervor, daß die Bemerkungen von Stadion selbst entworfen worden waren. Er setzte Franz II. in nochmalige Kenntnis der aus Paris eingelangten Depeschen, sowie davon, daß er den förmlichen Antrag auf Anerkennung der rheinischen Konföderation und auf die Niederlegung der Römischen Kaiserwürde durch den französischen Botschafter unmittelbar erwarte. Er habe sich daher am 31. Juli ausführlich mit Hügel und dem kurböhmischen Reichstagsgesandten beraten. Gleichzeitig legte Stadion dem Kaiser einen Entwurf für die zu veröffentlichende Erklärung betreffend die Niederlegung der römischen Kaiserwürde vor, die man dem französischen Botschafter eventuell als Beweis dafür vorlegen könne, daß, vorausgehend zu jeder ultimativen Forderung Napoleons, der Entschluß auf den Kronverzicht aus eigener Entscheidung bereits gefallen sei.

Die auf den Vortrag erfolgte Entschließung hat Kaiser Franz ganz eigenhändig geschrieben. Es ist der unabänderliche Verzicht auf die römische Reichskrone:

> *Ich genehmige den Entwurf der zu erlaßenden Staatsacte, in Ansehung der darinn enthaltenen Grundsätze, gestatte ihnen jedoch die darinn noch nothwendigen Abänderungen oder Wendungen zu treffen. Will aber auf jeden Fall, daß sie so gesetzet seyn, damit Napoleon dadurch keinen Anlaß erhalte sich beleidiget zu finden. Was dann die bey Gelegenheit der Niederlegung der Kayserkrone einzuleitenden Verhandlungen betrifft; so mache ich es ihnen zur Pflicht, allen möglichen Vortheil daraus für meine Monarchie und mein Haus zu ziehen, dabey aber erstere von allem Einfall der Französischen Truppen oder neuen Krieg mit Frankreich zu bewahren.*

Tags darauf verfaßte Stadion eigenhändig ein Mémoire über die weitere Vorgangsweise. Es galt einen Weg zu finden, *welcher sowohl der Dignität des allerhöchsten Hofes als auch seinen Vorthei-*

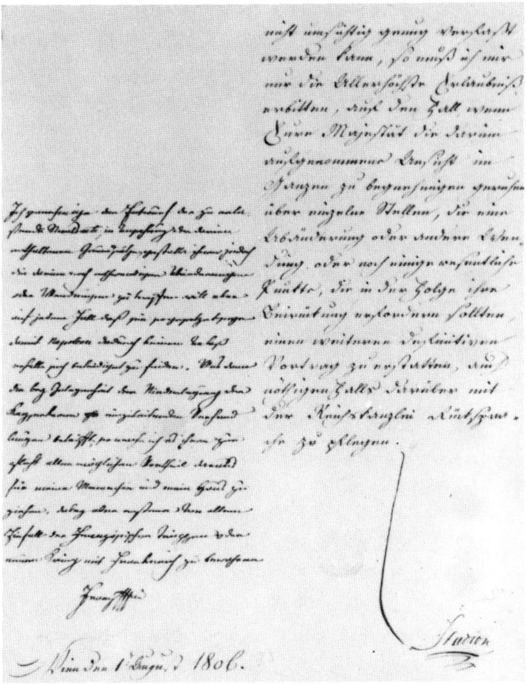

Letzte Seite des Vortrages Stadions an Kaiser Franz II. betreffend die Niederlegung der Römischen Kaiserwürde mit ganz eigenhändiger Resolution des Kaisers, Wien, 1. August 1806

len gemäs wäre. Er setzte eine Kommission ein, der Baron Hügel, Friedrich Graf von Stadion, Hofrat Franz Karl Rademacher und der Hofsekretär Joseph Freiherr von Hormayr angehörten, um unter der Leitung Hügels folgende Fragenkomplexe zu lösen:

A. Agenda in betreff der deutschen Kaiserkrone.
1) Was darüber in Regensburg als dem bisherigen Size des Reichstages zu thun
2) was an die deutschen Höfe . . . zu erlassen
3) welche Sprache an den andern europäischen Höfen uber diesen Gegenstand zu führen.

B. Agenda der erblichen Kaiserkrone wegen
1) Was in den Erblanden deshalb zu veranstalten
2) Was bey den deutschen Fursten und zwar bey denen von der rheinischen Foederation als bey denen ausser derselben
3) Was bey den europäischen Mächten, wobey zu bemerken kömmt, daß die erbliche Kaiserwürde schon von allen anerkannt worden ist mit Ausnahme Schwedens; und dann des russischen Hofes, welcher seine Anerkenntniß mit der des französischen Kaiserthumes pari passu gehen zu lassen erklährt hat.

Der französische Botschafter übergab Stadion am Abend des 1. August zwei Noten, die Napoleons Forderung nach der Niederlegung der römischen Kaiserkrone und die Anerkennung von Joseph Bonaparte als König von Neapel betrafen. Tags darauf kam es zu einer längeren Unterredung mit de Larochefoucauld, die in sehr zivilisierter Form verlief; doch mehr als Österreich vor einem neuen Krieg zu bewahren, konnte Österreichs Außenminister nicht erreichen.

Stadions Vorträge vom 2. und 4. August behandelten nur mehr die endgültige Fassung des kaiserlichen Patents über die Abdikation und die Formulierung der Antwortnoten an den französischen Botschafter.

Mit dem Patent vom 6. August 1806 ging das Römisch-deutsche Reich endgültig zu Ende. Die hektischen Beratungen der wenigen Tage seit dem 31. Juli hatte doch ein stilistisch ausgefeiltes, rechtlich hervorragend formuliertes Dokument entstehen lassen. Nicht eine Abdankung oder ein Verzicht wurde genannt, sondern von der Niederlegung der kaiserlichen Würde war die Rede und davon, daß das Reich erloschen sei. Damit konnte jede Form von Kontinuität für ein weiteres Napoleonisches Okzidentales Kaisertum verhindert werden. Die Bande, die die österreichischen und böhmischen Länder an das Reich gekettet hatten, wurden definitiv gelöst. Es sollte kein „Zurück“ mehr geben, wie dies durch die Schaffung des Deutschen Bundes am 8. Juni 1815 bekräftigt wurde. Zum letzten Mal sprach der Kaiser als Kaiser Franz II.:

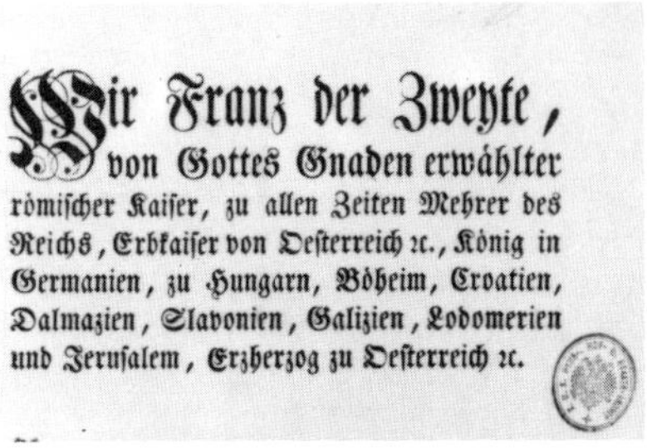
Wir Franz der Zweyte, von Gottes Gnaden erwählter römischer Kaiser, zu allen Zeiten Mehrer des Reichs, Erbkaiser von Oesterreich ꝛc., König in Germanien, zu Hungarn, Böheim, Croatien, Dalmazien, Slavonien, Galizien, Lodomerien und Jerusalem, Erzherzog zu Oesterreich ꝛc.

Nach dem Abschlusse des Preßburger Friedens war Unsere ganze Aufmerksamkeit und Sorgfalt dahin gerichtet allen Verpflichtungen, die Wir dadurch eingegangen hatten, mit gewohnter Treue und Gewissenhaftigkeit das vollkommenste Genügen zu leisten, und die Segnungen des Friedens Unsern Völkern zu erhalten, die glücklich wieder hergestellten friedlichen Verhältnisse allenthalben zu befestigen, und zu erwarten, ob die durch diesen Frieden herbeygeführten wesentlichen Veränderungen im deutschen Reiche, es Uns ferner möglich machen würden, den nach der kaiserlichen Wahlcapitulation Uns als Reichs-Oberhaupt obliegenden schweren Pflichten genug zu thun. Die Folgerungen, welche mehreren Artikeln des Preßburger-Friedens gleich nach dessen Bekanntwerdung und bis jetzt gegeben worden, und die allgemein bekannten Ereignisse, welche darauf im deutschen Reiche Statt hatten, haben Uns aber die Überzeugung gewährt, daß es unter den eingetretenen Umständen unmöglich sein werde, die durch den Wahlvertrag eingegangenen Verpflichtungen ferner zu erfüllen: und, wenn noch der Fall übrig blieb, daß sich nach fördersamer Beseitigung eingetretener politischer Verwicklungen ein veränderter Stand ergeben dürfte, so hat gleichwohl die am 12. Julius zu Paris unterzeichnete, und seit dem von den betreffenden

Theilen begnehmigte Uebereinkunft mehrerer vorzüglichen Stände zu ihrer gänzlichen Trennung von dem Reiche und ihrer Vereinigung zu einer besondern Confoderation, die gehegte Erwartung vollends vernichtet.

Bey der hierdurch vollendeten Ueberzeugung von der gänzlichen Unmöglichkeit, die Pflichten Unseres kaiserlichen Amtes länger zu erfüllen, sind Wir es Unsern Grundsätzen und Unserer Würde schuldig, auf eine Krone zu verzeihen, welche nur so lange Werth in Unsern Augen haben konnte, als Wir dem, von Kurfürsten, Fürsten und Ständen und übrigen Angehörigen des deutschen Reichs Uns bezeigten Zutrauen zu entsprechen und den übernommenen Obliegenheiten ein Genügen zu leisten im Stande waren.

Wir erklären demnach durch Gegenwärtiges, daß Wir das Band, welches Uns bis jetzt an den Staatskörper des deutschen Reichs gebunden hat, als gelöst ansehen, daß wir das reichsoberhauptliche Amt und Würde durch die Vereinigung der confoderirten rheinischen Stände als erloschen und Uns dadurch von allen übernommenen Pflichten gegen das deutsche Reich los gezählt betrachten und die von wegen desselben bis jetzt getragene Kaiserkrone und geführte kaiserliche Regierung, wie hiermit geschieht, niederlegen.

Wir entbinden zugleich Kurfürsten, Fürsten und Stände und alle Reichsangehörigen, insonderheit auch die Mitglieder der höchsten Reichsgerichte und die übrige Reichsdienerschaft von ihren Pflichten, womit sie an Uns, als das gesetzliche Oberhaupt des Reichs, durch die Constitution gebunden waren.

Unsere sämmtlichen deutschen Provinzen und Reichsländer zählen Wir dagegen wechselseitig von allen Verpflichtungen, die sie bis jetzt, unter was immer für einen Titel, gegen das deutsche Reich getragen haben, los, und Wir werden selbige in ihrer Vereinigung mit dem ganzen österreichischen Staatskörper, als Kaiser von Oesterreich, unter den wieder hergestellten und bestehenden friedlichen Verhältnis-

sen mit allen Mächten und benachbarten Staaten, zu jener Stufe des Glückes und Wohlstandes zu bringen beflissen seyn, welche das Ziel aller Unserer Wünsche, der Zweck Unserer angelegensten Sorgfalt stets seyn wird.

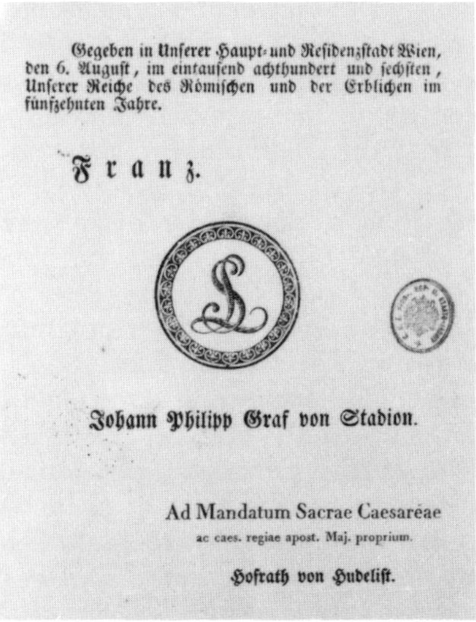

Gegeben in Unserer Haupt- und Residenzstadt Wien, den 6. August, im eintausend achthundert und sechsten, Unserer Reiche des Römischen und der Erblichen im fünfzehnten Jahre.

Franz.

Johann Philipp Graf von Stadion.

Ad Mandatum Sacrae Caesareae
ac caes. regiae apost. Maj. proprium.

Hofrath von Hudelist.

Pragmatikalverordnung Franz II. vom 6. August 1806 betreffend die Niederlegung der Römischen Kaiserwürde. Druck

Im Gegensatz zum kaiserlichen Patent vom 11. August 1804 über die Annahme des Titels eines erblichen Kaisers von Österreich wurde die Erklärung von 6. August 1806 nicht von der vereinigten Hofkanzlei, sondern von der Staatskanzlei namens des Kaisers promulgiert.

Das Patent wurde am 7. August in Begleitung einer Note den Reichsbehörden, an ihrer Spitze dem Reichsvizekanzler Fürsten Colloredo, dann den Zentralbehörden, sowie der vereinigten böhmisch-österreichischen, der ungarischen und siebenbürgischen

Hofkanzlei mitgeteilt, ebenso wurden die obersten Hofämter benachrichtigt.

Die die böhmischen und österreichischen Länder unmittelbar berührenden Fragen wurden in der Note Stadions an Ugarte im Detail behandelt. Es ging um die Kundmachung des Patents, um die Änderung in Titel und Wappen für die neuanzufertigenden Siegel und Münzstempel: *Insbesonders hat die Präposizion K. und K.K. von nun an, allenthalben aufzuhören und es ist statt deren, die alte Kaiserlich Königlich wieder zu gebrauchen. Auch wird sich hinfüro Wien nur mehr, die österreichisch-kaiserliche Haupt- und Residenzstadt nennen.* Die Kurwürde und das Erzschenkenamt Böhmen sind erloschen wie die Zugehörigkeit der Länder des ehemaligen österreichischen Kreises zum Reich. Stadion führte weiter aus: *Der Kaiser und Erzherzog ist oberster Lehnsherr und Souverain und übet nun aus letzterem Titel, alle jene eminenten Vorrechte unbeschränkter Machtvollkommenheit aus, die bisher auf die Hausprivilegien allein gegründet waren.*

In dieser Stunde äußerster Demütigung vollzog sich anderseits der unwiderrufliche Schritt zur österreichischen Eigenstaatlichkeit, zur Verwirklichung der österreichischen Gesamtstaatsidee, die, allen Verirrungen von Reichsträumen und Anschlußideen zum Trotz ihre Daseinsberechtigung und Existenznotwendigkeit auch nach dem Zerfall der Donaumonarchie nie verloren hat. Die schrecklichen Jahre des „Dritten Reiches", das Wiedererstehen Österreichs in der Zweiten Republik und das Erreichen deren voller Souveränität im Staatsvertrag des 15. Mai 1955 haben die Lebenskraft dieser Entscheidung des 6. August 1806 erwiesen.

Österreichs diplomatische Vertretungen im Ausland erhielten die Patente am 9. August zugestellt, während Stadion in einem Vortrag vom 17. August dem

Franz I., erblicher Kaiser von Österreich. Zeichnung von Joseph Lange

Kaiser die Benachrichtigungsschreiben an die fremden Höfe unterbreitete und um deren Unterzeichnung bat. Kaiser Franz legte keine übertriebene Eile an den Tag, aber da die türkische Post nicht allzu oft nach Konstantinopel abging, schrieb Stadion am

Hof- und Staats-

Schematismus

des

österreichischen

Kaiserthums.

Wien.

Aus der kais. kön. Hof- und Staats-Druckerey.

1807.

Titelseite des ersten Staatsschematismus des Österreichischen Kaisertums 1807. Druck

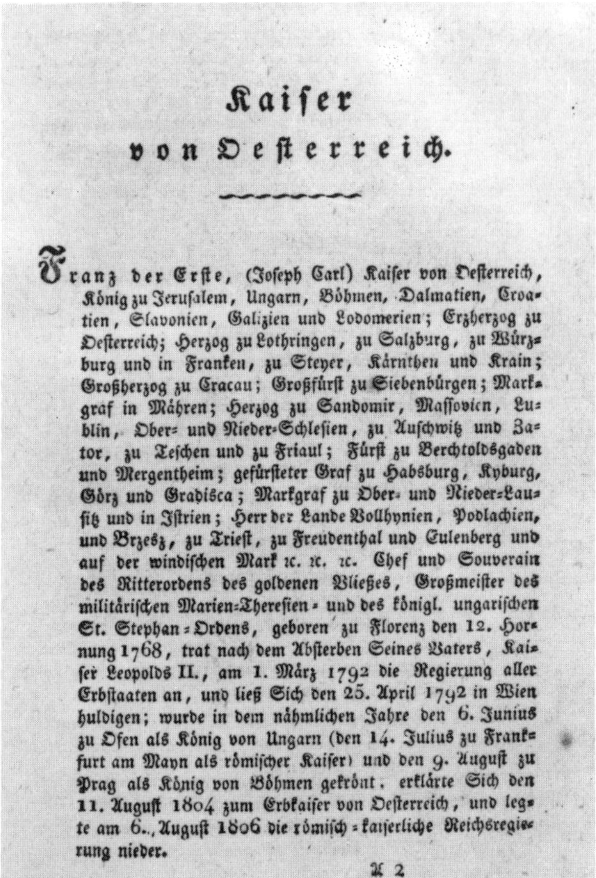

Kaiser von Oesterreich.

Franz der Erste, (Joseph Carl) Kaiser von Oesterreich, König zu Jerusalem, Ungarn, Böhmen, Dalmatien, Croatien, Slavonien, Galizien und Lodomerien; Erzherzog zu Oesterreich; Herzog zu Lothringen, zu Salzburg, zu Würzburg und in Franken, zu Steyer, Kärnthen und Krain; Großherzog zu Cracau; Großfürst zu Siebenbürgen; Markgraf in Mähren; Herzog zu Sandomir, Massovien, Lublin, Ober= und Nieder=Schlesien, zu Auschwitz und Zator, zu Teschen und zu Friaul; Fürst zu Berchtoldsgaden und Mergentheim; gefürsteter Graf zu Habsburg, Kyburg, Görz und Gradisca; Markgraf zu Ober= und Nieder=Lausitz und in Istrien; Herr der Lande Vollhynien, Podlachien, und Brzesz, zu Triest, zu Freudenthal und Eulenberg und auf der windischen Mark rc. rc. rc. Chef und Souverain des Ritterordens des goldenen Vließes, Großmeister des militärischen Marien=Theresien= und des königl. ungarischen St. Stephan=Ordens, geboren zu Florenz den 12. Hornung 1768, trat nach dem Absterben Seines Vaters, Kaiser Leopolds II., am 1. März 1792 die Regierung aller Erbstaaten an, und ließ Sich den 25. April 1792 in Wien huldigen; wurde in dem nähmlichen Jahre den 6. Junius zu Ofen als König von Ungarn (den 14. Julius zu Frankfurt am Mayn als römischer Kaiser) und den 9. August zu Prag als König von Böhmen gekrönt, erklärte Sich den 11. August 1804 zum Erbkaiser von Oesterreich, und legte am 6., August 1806 die römisch=kaiserliche Reichsregierung nieder.

A 2

Der Große Titel Kaiser Franz I. im ersten Staatsschematismus des Österreichischen Kaisertums 1807. Druck

19. August dem Kaiser, er nehme sich die Freiheit zu bitten, *Allerhöchst dieselben wollen das lateinische Handschreiben an den Großherrn zu unterzeichnen, und an mich zu übersenden allergnädigst geruhen, um solches sodann heute Abends an den k.k. Internuntius befördern zu könen.*

Solche Probleme kannte die Presse nicht. Schon in der Nummer 226 vom 14. August 1806 brachte Frankreichs Staatszeitung „Moniteur" den vollen Wortlaut der Abdikationsurkunde in französischer Übersetzung.

Gleichzeitig mit dem Patent betreffend die Niederlegung der Kaiserwürde unterzeichnete der Kaiser ein Patent für die ehemals in römisch-kaiserlichen Diensten stehenden Personen, um für deren Weiterexistenz zu sorgen:

> *Wegen des zu dem Reichshofrathe gehörigen Personals.*
>
> *Wir Franz der Zweyte, etc. etc.*
>
> *Bey der Niederlegung der kaiserlichen Reichs-Regierung betrachten Wir es als einen letzten Ausfluß Unserer Sorgfalt, und als eine unerläßliche Pflicht, den billigen und gerechten Wunsch hier öffentlich auszudrücken, daß für den Unterhalt des gesammten Personals der Kaiserlichen und Reichsdiener gehörig gesorget werde, welches bis jetzt theils zur Pflege der Justiz, theils zur Besorgung der diplomatischen und sonstigen Angelegenheiten zum Nutzen des ganzen Reiches und zum Dienst des Reichs-Oberhauptes verwendet worden ist.*
>
> *Die Sorgfalt, welche sämmtliche Stände des Reichs für das Schicksal der durch das Reichs-Entschädigungs-Geschäft vom Jahre 1803, um ihre Dienst-Anstellung gekommenen Personen so ruhmwürdig getragen haben, läßt Uns erwarten, daß das nähmliche Gefühl deutscher Gerechtigkeit sich auch auf jene*

verbreiten werde, die sich zum Dienste des Ganzen bis jetzt haben gebrauchen lassen, die aus allen Theilen des deutschen Reiches gewählt, und oft von einträglichen anderen Bedienstungen dazu berufen worden, die dabey auf eine lebenslängliche Versorgung rechneten, und welche ihnen bey der Treue, Redlichkeit und Geschicklichkeit, womit sie ihrem Berufe nachgekommen sind, nirgends entgangen seyn würde.

Wir haben aus diesen Gründen die Entschließung gefaßt, jenen kaiserlichen Dienern, welche bis jetzt aus Unserem eigenen Kammer-Aerario besoldet wurden, unter Vorbehalt ihrer angemessenen Anstellung und Gebrauchs zu Unseren erbländischen Diensten, die bis jetzt genossene Besoldung fort zu bezahlen: und dürfen daher mit desto größerer Zuversicht hoffen, daß Churfürsten, Fürsten und Stände für das Schicksal des kaiserlichen Reichs-Kammer-Gerichtes und der Kammer-Gerichts-Kanzley ausgibig sorgen, und diese für das Ganze unbedeutende, sich mit jedem Jahre mindernde Last bereitwillig übernehmen werden.

In Ansehung der kaiserlichen geheimen Reichs-Hof-Kanzley, wird der vorhandene und für ihre Unterhaltung bestimmte eigene Fond zur gleichen gerechten Versorgung jener Individuen, welche bis jetzt daher ihre Besoldung genossen haben, verwendet werden, und bis zu einer eigenen Maßnehmung denselben zur Beruhigung dienen.

Gegeben Wien, den 6. August 1806.

Aus Wetzlar verabschiedeten sich am 26. August 1806 Kammerrichter, Präsidenten und Assessoren des Kammergerichtes mit einem Brief vom einstigen Reichsoberhaupt: *Wie glücklich würden wir gewesen seyn, wenn wir in unserm erhabenen Berufe, Eurer kaiserlichen Majestät, und den durch Unrecht leidenden Reichsbürgern zu dienen, hätten fortarbeiten können! Allein dieses frohe Loos war uns nicht beschieden; die Vorsehung beschloß es anders. Sie heißt uns tiefgebeugt ein Amt niederlegen, in dem wir Andere glücklich machten,*

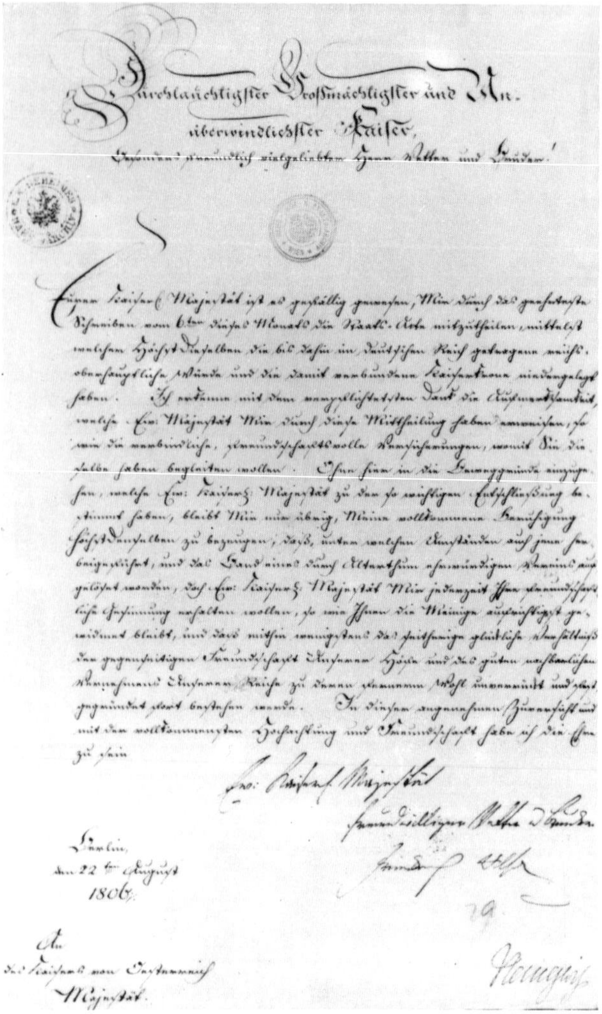
Durchlauchtigster Großmächtigster und Unüberwindlichster Kaiser,

Berlin, den 22ten August 1806.

König Friedrich Wilhelm III. von Preußen teilt Kaiser Franz I. von Österreich mit, die Nachricht von der Niederlegung der Römischen Kaiserwürde erhalten zu haben, Berlin, 22. August 1806 *in dem wir selbst glücklich waren. Nichts gleicht unserm Schmerz! Nur der allgemein verehrten Herzensgüte Eurer kaiserlichen Majestät war es vorbehalten, war es möglich, ihn, wo nicht zu heben, doch zu lindern.*

Mag sein, daß die Promulgation der Niederlegung der Römisch-deutschen Kaiserwürde bei vielen Reichsständen Schmerz, Betroffenheit und Empörung ausgelöst hat. Der Diskussion, ob Kaiser Franz die Befugnis zustand, den Reichskörper als aufgelöst zu erklären, kam keine Bedeutung zu.

Beispielhaft für die Erklärungen der Reichsfürsten mögen die Ausführungen des preußischen Königs Friedrich Wilhelm III. sein, der am 22. August 1806 an Kaiser Franz schrieb: *Ohne hier in die Beweggründe einzugehen, welche Ew. kaiserliche Majestät zu der so wichtigen Entschließung bestimmt haben, bleibt Mir nur übrig, Meine vollkommene Beruhigung Höchstdemselben zu bezeugen, daß, unter welchen Umständen auch jene herbeigeführt, und das Band eines durch Alterthum ehrwürdigen Vereins aufgelöst worden, doch Ew. kaiserlichen Majestät Mir jederzeit Ihre freundschaftliche Gesinnung erhalten wollen, so wie Ihnen die Meinige aufrichtigst gewidmet bleibt, und daß mithin wenigstens das seitherige glückliche Verhältniß der gegenseitigen Freundschaft Unserer Höfe und des guten nachbarlichen Vernehmens Unserer Reiche zu deren fernerm Wohl unverrückt und festgegründet fort bestehen werde.* Es gab wenige andere Stimmen; so die des schwedischen Königs Gustav IV. Adolf, der ebenfalls am 22. August in Greifswald ein Patent veröffentlichen ließ, mit dem er seinen deutschen Untertanen das Ende des Reichs mitteilte und auf eine Wiederherstellung hoffte: *Wenn die heiligsten Verbindungen, welche mehr als tausend Jahre hindurch das Teutsche Reich zusammenhielten, jetzt aufgelöset worden; so kann doch niemals die Teutsche*

Nation vernichtet werden, und durch die Gnade des Allerhöchsten wird Teutschland, dereinst aufs neue vereinigt, zu Macht und Ansehen wieder hergestellt werden.

Das russische Reich nahm zunächst die Auflösung des Reichs und die Niederlegung der Krone nicht zur Kenntnis, während Großbritannien, um seine Ansprüche auf Hannover nicht zu gefährden, am rechtlichen Weiterbestand des Reiches festhielt.

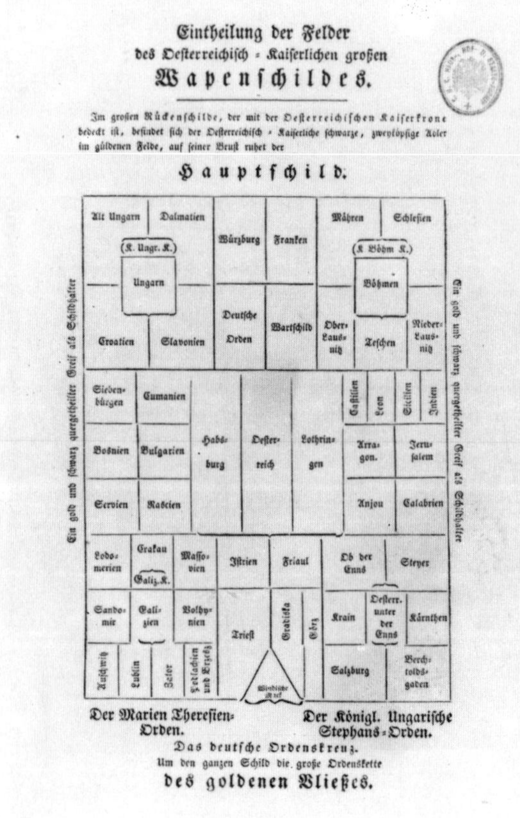

Erklärung des Großen Wappens von 1806. Druck, vgl. Beilage

Das neue Wappen von 1806

Bereits nach dem Preßburger Frieden war eine Änderung des kaiserlichen Wappens und der Titel notwendig geworden, da Franz II. nicht nur Länder hatte abtreten, sondern auch auf die Führung der entsprechenden Titel und Wappen hatte verzichten müssen. Der ungarische Hofkanzler Pálffy richtete deshalb am 14. Februar 1806 eine Note an die geheime Hof- und Staatskanzlei, wobei er es nicht unterließ, in Erinnerung zur rufen, daß er auf seine Note vom 21. Dezember 1804, in der er Einwände gegen Wappen und Titel von 1804 erhoben hatte, keine Antwort erhalten hätte.

Stadion unterbreitete am 6. März 1806 dem Kaiser in einem Vortrag unter Bezugnahme auf die Artikel VIII und XV des Preßburger Traktates die Änderungsvorschläge für Titel und Wappen. Es ging um folgende Änderungskomplexe:

1. Die Weglassung der Wappen der abgetretenen Provinzen.
2. Aufnahme der Wappen der Sekundo- und Tertiogenituren des Hauses Habsburg.
3. Die Notwendigkeit, die Anordnung bereits geführter und weiterzuführender Wappen zu verändern.

Aufzugeben waren die Wappen folgender Länder: Venedig, Württemberg, Parma, Piacenza, Guastalla, Zara, Schwaben, Eichstätt, Passau, Brixen, Lindau, Tirol, Breisgau, Ortenau, Montfort, Hohenems, Ober- und Niederhohenberg, Bregenz, Sonnenberg, Rothenfels, Blumeneck, Hofen, Verona, Vicenza und Padua, gemäß den Artikeln II., IV., VIII. und XV. des Preßburger Friedens.

Neuaufnahme sollten die Wappen von Würzburg und Franken, dann der deutsche Ritterorden finden. Obwohl als Ersatz für den von Erzherzog Ferdinand von Modena abgetretenen Breisgau mit Ortenau noch kein Territorium namhaft gemacht worden war, solle man diesbezüglich nichts veranlassen, da ja die Anfertigung der Siegel längere Zeit in Anspruch nehme. Das Großkreuz des deutschen Ritterordens solle *als insigne eines in dem Besitz des Hauses stehenden Ordens, gleichfalls im allerhöchsten Wappen* angebracht werden. Kaiser Franz könne den persönlichen Titel eines Kurfürsten für Salzburg nicht führen, daher sei Salzburg als Herzogtum in das Wappen und in den Titel aufzunehmen.

Eine wesentliche Änderung erfuhr das Herzschild des Wappens. Stadion plädierte dafür, *wie in den Schildern weiland Ihrer Majestäten Joseph und Leopold* den habsburgischen Löwen wieder aufzunehmen: *der Herzschild, der auf der Brust des österreichischen Kaiserlichen Adlers ruht und gegenwärtig nur den silbernen Querbalken im rothen Felde darstellt,* soll *dreyfach getheilt und ausser demselben* noch die Stammwappen von Habsburg und Lothringen umfassen. *Dadurch stellt sich ein vollständiges genealogisches Wapenbild dar, anstatt daß der gedachte silberne Querbalken im rothen Felde wegen der dabey eintretenden Vermischung eines Landes- und historischen Gedächtnis-Wapens, immer nur ein unvollkommenes und undeutliches heraldisches Bild ergibt.* Es kann durchaus möglich sein, daß für Stadions Vorschlag die Rücksichtnahme auf Ungarn eine Rolle gespielt haben könnte, das sich durch den Bindenschild, dessen Herkunft als Länderwappen eindeutig war, nicht repräsentiert sehen konnte. Wurde hingegen der Bindenschild von den Wappen Habsburgs und Lothringens am Herzschild flankiert, war die Interpretation des Wappens als eines Hauswappens verstehbar: Haus Österreich-Habsburg-Lothringen.

Staatsrechtlich war und blieb die Art der Integration der ungarischen Länder in den Gesamtstaat eine offene Frage.

Die neuen Titel, der große, mittlere und kleinere wurden von Stadion erst nach der Niederlegung der römischen Kaiserwürde kundgemacht; nun fiel selbstverständlich dieser Titel weg; Kaiser Franz führte nunmehr allein die Ordnungszahl I. für sein erbliches österreichisches Kaisertum. In der Note an den Staats- und Konferenzminister Leopold Grafen Kolowrat vom 7. August 1806 wird in einer Nachschrift angekündigt: *Die Wapen werden nachgetragen.* Es dauerte allerdings nicht lange, bis die Drucke, die seit März vorbereitet worden waren, fertiggestellt waren. Bereits am 17. August 1806 teilte der Außenminister dem Grafen Kolowrat mit, daß er sich die Ehre gebe, *die Abdrücke und die Beschreibungen der allerhöchsten Wapen-Schilder* nachzutragen.

Entsprechend Stadions Vorschlag wurde das Herzschild umgestaltet und als *das genealogische Wapen des Allerdurchlauchtigsten regierenden Kaiserhauses* bezeichnet, wobei in einer beigefügten Erklärung eigens auf das Entstehen des Bindenschildes hingewiesen wurde: *Das mittlere Feld verlieh 1191 Heinrich VI. nach einer denkwürdigen, unwiderlegten Ueberlieferung Herzog Leopold dem Tugendhaften von Oesterreich, babenbergischen Stammes, zur Verewigung des Heldenmuthes, den er bey der Belagerung von Ptolomais bewies, wo bey einem Ausfalle, sein ganzes weißes Panzerhemd, bis auf die Stelle, die sein Schwertgehänge bedeckte, vom Blute der Ungläubigen gefärbt war.*

Beibehalten wurden auch die spanischen und lothringischen Anspruchswappen, die durch die Bestimmungen des Preßburger Friedens nicht berührt waren. Zur repräsentativen Gestaltung wurden die Wappen der galizischen Länder breit gefächert.

Neben Galizien und Lodomerien kamen zur Darstellung: Krakau als Großherzogtum, dann Massovien, Sandomir, Wolhynien, Auschwitz, Lublin, Zator, Podlachien und Brzesz.

Das Erzherzogtum Österreich unter der Enns, Niederösterreich, behielt sein Wappen, die fünf goldenen Adler im blauen Feld. Neben dem immer geführten Wappen des Großfürstentums Siebenbürgen erschienen die ungarischen Anspruchswappen auf Cumanien, Bosnien oder Rama, Bulgarien, Serbien und Raszien.

Im mittleren Feld der oberen Reihe wurden die Wappen der Sekundo- und Tertiogenituren dargestellt: Würzburg mit Franken für die ehemals in der Toscana regierende Linie, dann das Wappen des *Groß- und Hochmeisterthums des ritterlichen deutschen Ordens.* Da Erzherzog Ferdinand von Modena nach wie vor keinen Ersatz für den abgetretenen Breisgau bekommen hatte, wurde das vierte Feld als „Wartschild" freigelassen.

Den Hauptschild umgaben die Kollanen oder Bänder der Orden mit ihren Kleinodien: das Goldene Vlies, der deutsche Ritterorden, der Militär-Maria-Theresien Orden und der königlich ungarische St. Stephansorden.

Endlich sei noch die Beschreibung des kaiserlichen Adlers und der Krone angeführt: *Auf dem großen Rückenschilde erscheinet im goldenen Felde, ein schwarzer zweyköpfiger und zweygekrönter Adler mit güldnen Schnäbeln und herausgeschlagenen rothen Zungen, wegen des, auf den ganzen Complexus der Erbkönigreiche und Länder radicirten, österreichischen Kaiserthumes. In der rechten güldenen Klaue hält er Scepter und Schwert, in der linken den kaiserlichen Reichapfel. Auf dem Rückenschilde ruhet die österreichische Kaiserkrone. Sie ist eine geschlossene*

Bügelkrone, zwischen jedem Blatt stehet eine Zinke mit einer Perle. Auf dem mittleren Bogen oder Bügel befindet sich der österreichische Reichsapfel. Sie ist inwendig mit einer rothen Mütze gefüttert, von welcher zwey Bänder herabhangen. Dieser Schild wird von zwey aufgerichteten, quer getheilten, oben schwarz, und unten güldenen Greifen, mit güldenen Schnäbeln, herausgeschlagenen rothen Zungen, und abwärts geschlungenen Schwänzen, als Schildhaltern beyder Seits gehalten. Die kaiserlichen Farben Schwarz und Gold kommen so mehrfach zur Darstellung.

Am 12. Jänner 1807 wurden nach einer Note des ungarischen Hofkanzlers Pálffy auch die Titel der Mitglieder des Kaiserhauses durch eine allerhöchste Entschließung bestätigt; sie sollten *die Titulatur kaiserlich königlicher Hoheiten* führen, wie dies in einem Handschreiben des Kaisers an den Obersthofmeister bereits enthalten war.

Probleme des Gesamtstaates

Unmittelbar nach der Annahme der erblichen österreichischen Kaiserwürde befaßte man sich mit der Frage, *ob nicht in Hinkunft die Verschiedenheiten der Adelsdiplome in den Erblanden aufzuheben* seien. Es kam zu einem Kompetenzstreit zwischen der vereinigten Hofkanzlei und der Staatskanzlei. Sollte ein einheitlicher gesamtösterreichischer Adel geschaffen werden, kam die Hofkanzlei für die Ausfertigung als eine Behörde, die keinerlei ungarische Kompetenz besaß, nicht mehr in Frage. Da von den gesamtstaatlichen Institutionen weder der Hofkriegsrat noch die Hofkammer in Betracht kamen, hätte allein die Hof- und Staatskanzlei über die entsprechenden Voraussetzungen verfügt. Aus den besonders ausführlichen Gutachten der Mitglieder des Staatsrates läßt sich erkennen, wie sehr Ungarn auf seinen Privilegien beharrte. Der Vertreter der Länder der Stephanskrone im Staatsrat, Franz Freiherr Bedekovich von Komor, legte in seinem Votum vom 19. Jänner 1807 entschiedenes Gewicht auf die Formulierung des Patentes vom 11. August 1804, daß aus der Schaffung des Erbkaisertums *in der Verfaßung der Ihrem glorreichen Zepter anvertrauten Provinzen und Länder keine Veränderung stattfinden soll.* Als Wortführer der Zentralisten erschien Ignaz Graf von Chorinsky, der im Gleichklang mit Stadion meinte: *Was die Staats-Kanzelley im Eingange ihres Vortrages von der Wichtigkeit, die unter dem Zepter Eurer Majestät stehenden Länder alle bey jeder schicklichen Gelegenheit als ein Ganzes erscheinen zu machen, ist unwiderlegbar.* Doch Staatsrat Johann Somogyi von Medgyes wies am

21. Jänner die Idee eines einheitlichen Adelsstanddiploms rundweg zurück. Die Verbindung des Königreichs Ungarn mit der Österreichischen Monarchie *gründet sich keineswegs auf die Annahme der Oesterreichischen Kayserwürde, wohl aber auf frühere Pragmatical Sanctionen, auf ausdrückliche Landes Gesetze, endlich auf Diplomatische Versicherungen, jedoch so, daß diesem Königreiche eben durch diese Gesetze und diplomatischen Verträge seine eigene Konstituzion und volle Unabhängigkeit von allen übrigen Königreichen und Provinzen garantirt ward.*

Kaiser Franz trug diesen Bedenken Rechnung, als er die Entscheidung faßte: Es *findet die angetragene Ausfertigung eines einzigen Standeserhöhungsdiploms für das ganze Kaiserthum durch die geheime Hof- und Staatskanzley nicht Statt, sondern es hat fernerhin bey der bisherigen Übung mit der einzigen Beschränkung zu verbleiben, daß die Verschiedenheit dieser Diplome zwischen Galizien und den übrigen B ö h m i s c h-deutsch-österreichischen Ländern aufzuhören hat.* An der Sonderstellung Ungarns zu rütteln, wie dies der Wunsch der Staatskanzlei gewesen war, kam nicht in Betracht. Die Einheit des Staates, die völlige Verschmelzung seiner disparaten Teile, blieb trotz aller äußerlichen und anschaulichen Formen in Titel, Wappen und Repräsentation ein weit von der Wirklichkeit entferntes Ziel, das, von der Zeit des Neoabsolutismus nach der Niederwerfung des ungarischen Aufstandes mit Hilfe Rußlands im Jahre 1849 abgesehen, niemals erreicht wurde.

Österreichs Leidensweg in der Napoleonischen Zeit war noch lange nicht zu Ende. Der Niederlage von 1805 sollte die noch schrecklichere des Jahres 1809 folgen. Die Härte des Preßburger Friedens wurde durch das Diktat von Schönbrunn weit in den Schatten gestellt. Nach der Niederlage des Erzherzogs Carl mußte Stadion demissionieren, und der kaiserliche

Botschafter in Paris, der mit Stadions Instruktion seine Mission beim Franzosenkaiser begonnen hatte, trat seine Nachfolge an, die nahezu vier Jahrzehnte währen sollte.

In die Tätigkeitsperiode Stadions auf dem Wiener Ballhausplatz fiel noch die Stiftung eines neuen Ordens, den Kaiser Franz zum Andenken an seinen Vater Leopold gründete. Dieser am 6. Jänner 1808 gestiftete Oesterreichisch-kaiserliche Leopold-Orden wurde so zum sichtbaren Symbol für das neue Kaiserreich.

Stiftung des Oesterreichisch-kaiserlichen Leopold-Ordens durch Franz I. im Zeremoniensaal der Hofburg am 6. Jänner 1808, Lithographie von Franz Wolf nach Johann Nepomuk Hoechle

Quellenbericht

Die Hauptquellen, die in der Darstellung auch teilweise im Wortlaut zitiert sind, befinden sich im Haus-, Hof- und Staatsarchiv Wien. Sie wurden von Heinrich Ritter von Srbik für seinen wissenschaftlichen Aufsatz, der 1927 im 8. Band des Archivs für Politik und Geschichte veröffentlicht worden ist, zu einem guten Teil ausgewertet. Die Problematik des Verhältnisses zu den Ländern der ungarischen Krone, die in den Akten bereits 1804 deutlich festzustellen ist, hat aber, um nur ein Beispiel zu nennen, Srbik nicht berührt.

Die Akten liegen in verschiedenen Archivkörpern. Ein Teil wurde, obwohl sie ihrer Entstehung nach nicht Hausdokumente sind, sondern aus dem Geschäftsgang der Staatskanzlei und des Staatsrates stammen, unter der Bezeichnung „Titel und Wappen" im Hausarchiv zusammengefaßt. Ein wichtiger Teil der Vorträge Cobenzls und Stadions sowie die Handschreiben des Kaisers werden nach wie vor im Bestand Staatskanzlei verwahrt. Neben anderen Fonds kommen besonders für 1806 die Akten der Prinzipalkommission in Regensburg, der österreichischen und kurböhmischen Gesandtschaft und andere Gesandtschaftsarchive in Betracht. Wie aus der Darstellung ersichtlich ist, kam der Vereinigten Hofkanzlei ein hoher Stellenwert zu. Ihre Akten sind im Allgemeinen Verwaltungsarchiv, soweit noch erhalten, aufbewahrt. Die Geschäftsvorgänge aus der ungarischen und siebenbürgischen Hofkanzlei, die damals in Wien amtierten, befinden sich heute im Ungarischen Staatsarchiv in Budapest.

Ausgewählte Literatur

Bauer, Wilhelm; Nadler, Josef; Srbik, Heinrich, Ritter von: Österreich im deutschen Raum. In: Eckart-Schriften, Wien 1965

Criste, Oskar: Erzherzog Carl von Österreich. Ein Lebensbild. 3 Bände. Wien 1912

Fournier, August: Napoleon I., 3 Bände. Wien 1922

Guglia, Eugen: Friedrich v. Gentz. Eine biographische Studie. Wien 1901

Hofmann, Hanns Hubert, (Hg.): Die Entstehung des modernen souveränen Staates. Köln 1967. (Neue Wissenschaftliche Bibliothek 17)

Magenschab, Hans: Erzherzog Johann. Habsburgs grüner Rebell. Graz 1981

Rössler, Hellmuth: Graf Johann Philipp Stadion. Napoleons deutscher Gegenspieler. 2 Bände. Wien 1966

Rössler, Hellmuth: Napoleons Griff nach der Karlskrone. Das Ende des alten Reichs 1806. München 1957. (Janus-Bücher)

Rössler, Hellmuth: Österreichs Kampf um Deutschlands Befreiung. Die deutsche Politik der nationalen Führer Österreichs 1805–1815. 2 Bände. Hamburg 1940

Srbik, Heinrich Ritter von: Metternich. Der Staatsmann und Mensch. 2 Bände. München 1925. Neudruck Graz 1979

Srbik, Heinrich Ritter von: Das Österreichische Kaisertum und das Ende des Heiligen Römischen Reichs (1804 bis 1806), in: Archiv für Politik und Geschichte, Band 8, 1927, 133–171 und 301–335

Srbik, Heinrich Ritter von: Deutsche Einheit. Idee und Wirklichkeit vom Heiligen Reich bis Königgrätz. 4 Bände. München 1935 und 1942.

Srbik, Heinrich Ritter von: Die Schicksalsstunde des alten Reiches. Jena 1937

Srbik, Heinrich Ritter von: Österreich in der deutschen Geschichte. München 1936

Wolfsgruber, Coelestin: Franz I., Kaiser von Österreich. 2 Bände. Wien 1899

Personenregister

Da weder ein Orts- noch Sachregister für den Zugang zur Darstellung nach Meinung des Autors eine wesentliche Rolle spielt, wurde davon abgesehen. Die Personen wurden nur mit ihren wichtigsten (und richtigen) Berufstiteln versehen.